HORETH INSTITUT™
MENTALE KOMPETENZ

Manuel Horeth

DIE RELAXFORMEL

WIE SIE DIE KRAFT DER ENTSPANNUNG ERLEBEN!

VERLAG: HORETH INSTITUT KG

AUTOR & IDEE:
MANUEL HORETH

WISSENSCHAFTLICHE PSYCHOLOGISCHE LEITUNG:
MAITE GNJEZDA, BA

REDAKTIONELLE MITARBEIT:
MAITE GNJEZDA, BA
CARMEN RAOS

LEKTORAT:
MAG. BERTHOLD EGGERTH

PRESSE UND PR:
MAG. PASCAL WEISANG

DRUCK UND BINDUNG:
CHRISTIAN THEISS GMBH

SATZ, GRAFIK & PRODUKTION:
PIXELCREATIVE

IM AUFTRAG DER HORETH INSTITUT KG
www.horeth-institut.at

Bildnachweis:
Patrick Kirschhofer
Francois Maritz
Fotolia siehe Seite 202

ISBN 978-3-9503687-1-0
Auflage: 2 3 4 5 6 7

Verlag: Horeth Institut KG
Covergestaltung: PixelCreative
Coverfoto: Francois Maritz, South Africa, Lions Head

Gedruckt in Österreich

INHALT

4. MODUL E... ENTSPANNUNG 53

5. RELAXFORMEL SETUP 77

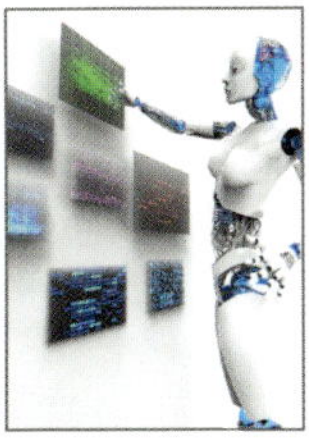

6. MODUL T ... TECHNIKEN 89

ENTSPANNUNGS
TECHNIK

7. MODUL B ... BRANDING 165

8. MODUL M ... ABLAUFTRAINING 191

ZUM ABSCHLUSS 198

ANHANG 203

Dieses Buch ist für dich, den Menschen, der erkannt hat, dass auch er das Recht auf Entspannung hat!

Wenn Sie vorhaben, die in diesem Buch vorgestellten Entspannungstechniken und mentalen Trainings-Methoden anzuwenden, empfehlen wir Personen mit gesundheitlichen und tiefgreifenden psychischen Problemen zuvor den Arzt oder Therapeuten ihres Vertrauens zu konsultieren.

Entspannungsübungen, die ohne Anleitung in Eigenregie ausgeführt werden, können unter Umständen auch kontraproduktiv wirken, da sie innere psychische Spannungen auch aufrechterhalten und verstärken können.

Die Inhalte des vorliegenden Buchs wurden mit höchster Sorgfalt erarbeitet. Der Autor und der Verlag lehnen dennoch ausdrücklich jegliche Verantwortung für alle Risiken, die dem Leser durch die Anwendung der in diesem Buch beschriebenen Übungen entstehen könnten, ab und können keine Haftung übernehmen.

VORWORT

Lieber Leser, liebe Leserin!

Warum träume ich jeden Tag von diesem einen Zustand, von dem Gefühl, das mich schweben lässt, das mich abheben lässt, das mich verwandelt, mir diese Leichtigkeit gibt, diese Unbeschwertheit! Das innere Gefühl, das mich alles vergessen lässt, vielleicht für immer – vielleicht aber auch nur für einen ganz kurzen Moment meines Lebens.

Egal was um mich herum passiert, egal welche Momente auf mich einwirken, egal was und wer mich belastet: Ich weiß, ich darf diese innere Ruhe trotzdem fühlen, ich darf sie zulassen, darf diese innere Entspannung in mir wachsen lassen. Ich darf leben!

Wir sind auf diesem Planeten Erde, um unser Leben zu lieben, um unserem Dasein einen Sinn zu geben in diesen wenigen Jahren, die wir hier verbringen dürfen. Kennen Sie jemanden, der das Recht hat, Ihnen diesen Aufenthalt hier zunichte zu machen? Kennen Sie jemanden, der das Recht besitzt, Ihnen Ihr Lebensglück wegzunehmen?

Nein, ich kenne niemanden. Und ich werde es auch nicht zulassen, dass mir irgendjemand auch nur annähernd mein wahres Recht wegnimmt, das Recht, mein Leben mit innerer Ruhe und Gelassenheit zu leben und mich mit Freude einzulassen auf die positiven Herausforderungen meines Lebens. Bin ich glücklich, bin ich ruhig und ausgeglichen, genieße ich meine Jahre auf dieser Welt?

Sie sind ein Mensch, der mit 100%iger Sicherheit in einigen Jahren nicht mehr auf diesem Planeten existieren wird. Ich drücke es direkter aus, Sie sind vielleicht bald tot!

„Du kannst nicht wählen, wie Du stirbst und wann.
Aber Du kannst bestimmen, wie Du lebst. Jetzt!“

Joan Baez

Meine aus tiefstem Herzen kommende Aufforderung an Sie ist heute: Genießen Sie Ihr Leben solange Sie können – lassen Sie sich von nichts und niemandem aus Ihrer Mitte bringen – lieben Sie die Menschen die Sie lieben und lieben Sie vor allem sich selbst! Schenken Sie sich das, was Sie den Menschen geben, die Sie lieben: Schenken Sie sich Lebensfreude und innere Ruhe!

Dieses Buch ist – wie mein letztes Buch „Das Horeth Prinzip" – ein sehr persönliches, privates und individuelles Werk. Mir liegt es wirklich sehr am Herzen, dass Sie dieses Buch nicht nur lesen, sondern, dass es Ihnen Gedanken und Wege öffnet, Schritt für Schritt einem entspannenden Lebensgefühl näher zu kommen und dieses am Ende wirklich leben zu können. Ganz nach dem Grundsatz „Glück ist nicht das Bewahren der Asche, sondern das Weitergeben der Flamme" möchte ich Ihnen in diesem Buch meine Flamme für ein entspanntes Leben weitergeben. Wenn dieses lebendige Feuer dann auch in Ihnen brennt, lade ich Sie herzlich dazu ein, meine „Relaxformel" auch gerne an andere weiterzugeben und damit einem anderen Gutes zu tun.

Um Ihnen meine Formel für Entspannung und meine Botschaft dazu zu vermitteln, verwende ich in diesem Buch Texte, Zeichnungen und Fotos. Leider kann ich mit Ihnen nicht persönlich sprechen, da rein physisch eine große Entfernung zwischen uns liegt. Diese Weite möchte ich durch das zwar höfliche, aber doch recht unpersönliche „SIE" nicht noch größer werden lassen.

Um Ihnen beim Lesen näher zu sein, würde ich Ihnen bei dieser Gelegenheit gerne das „Du-Wort" anbieten. Lass uns doch ab jetzt per „Du" sein, damit nichts mehr zwischen uns stehen kann! Schön, dass das für dich in Ordnung ist. Falls nicht, dann bitte denke dir einfach bei jedem „DU" ein „SIE" dazu. Und da es in diesem Buch um Entspannung geht und ich zur besseren Lesbarkeit und Vereinfachung bei vielen Wörtern die männliche Form der Person gewählt habe, darf ich hiermit auch gleich meine Leserinnen bitten, sich bei allen männlichen Begriffen gleichzeitig das weibliche Wort vorzustellen und dies entspannt zu sehen. Vielen Dank für das Verständnis!

Bevor es nun für dich los geht, möchte ich mich abschließend besonders bei meinem Team bedanken, das auch bei diesem Buch sehr tatkräftig mitgewirkt hat. Es ist aus meiner Sicht definitiv nicht möglich, ein Buch in dieser Qualität zu schreiben, wenn nicht hochqualifizierte Spezialisten daran mitarbeiten und ihren wertvollen Input beisteuern. Wer maßgeblich am Entstehen und Erfolg dieses Buches beteiligt war, findest du, genau aufgelistet, einige Seiten vor diesen Zeilen am Beginn des Buches. Das hier gilt ganz alleine diesen Menschen für die große Fülle an investierter Zeit,

Engagement und Mühe: Danke!

Ich freue mich jetzt darauf, dir dieses Buch und die vielen spannenden Inhalte zur faszinierenden Welt der Entspannung näher bringen zu dürfen. In den Rubriken „Mr. Brain – Fakten zum Gehirn“ und „Professor Psycho – Neues aus der Forschung“ findest du immer wieder aktuelle Informationen und erstaunliche Neuigkeiten aus der Neuro-Wissenschaft. In meinen „Horeth Mentalübungen“ und „Horeth Mentaltipps“ darf ich dir weitere effektive mentale Trainingsmöglichkeiten präsentieren. In „Top Secret“ und „Horeth Backstage-Infos“ bekommst du Informationen, die eigentlich nur Profis vorbehalten sind und die ich gerne in diesem Buch für dich preisgebe.

„Die besten 15“ beziehungsweise „Die besten 10“ Regeln zu ausgewählten Themen bilden den logischen Abschluss der Relaxformel.

Also lass uns beginnen, gemeinsam deinen Weg der Entspannung zu gehen, um so schnell wie nur möglich deine innere Ruhe zu finden. Viel Spaß dabei und alles Gute für dich!

Dein
Manuel Horeth

1. EINFÜHRUNG

MEINE REISE NACH AFRIKA

Es ist Anfang Februar 2014 und ich spüre den feinen zarten Sommerwind Südafrikas auf meinem Körper. Ich sitze in diesem Moment am südlichen Ende dieses wunderbaren Kontinents, in der Nähe des Kaps der Guten Hoffnung. Wenn ich meinen Blick vom Bildschirm des Laptops, auf dem ich gerade schreibe, wegbewege, dann sehe ich eine unglaubliche Weite und spüre die grandiose Freiheit. Ich sehe den blauen Himmel, das Meer und mächtige Berge. Ich fühle die angenehme Wärme der Sonnenstrahlen und rieche aus der Ferne die frische Meeresluft, den Duft der Unendlichkeit.

Ich denke in diesem Moment an nichts, ich bin nur im Hier und Jetzt. Ich beschäftige mich nicht mit dem, was bisher in den 36 Jahren meines Lebens war und mache mir keine Gedanken, was in den nächsten Jahren sein wird. Ich bin im Moment einfach nur hier, um dir meine Gedanken und mein persönliches System zum Thema Entspannung in diesem Buch zu vermitteln. Wie bleibe ich im Hier und Jetzt, wie stoppe ich für kurze Momente den Fortgang der Zeit und wie erreiche ich die Entspannung, die ich für mich in verschiedenen Momenten benötige? Meine Herausforderung und große Frage war: Wie kann ich dir das am besten vermitteln?

An jenem traumhaften Tag reifte in mir der Entschluss, es in einem Buch niederzuschreiben, das ich nur an dem Ort entwickeln kann, der für mich für pure Entspannung steht, an dem ich alles um mich herum als entspannend wahrnehme und an dem ich die Welt vergesse und nur bei dir bin. Ich befinde mich, um den ersten Teil dieses Buch zu schreiben, über 10000 Kilometer von meiner Heimat Österreich entfernt, an dem Ort, an dem auch die Idee für mein Buch „Das Horeth Prinzip" entstanden ist, ein Ort, der für mich für Kreativität und innere Ruhe steht.

Ich bin nun für dich ein weiteres Mal hierher gereist und verbringe einige Wochen hier, um an dem Buch zu arbeiten, dir meine persönliche Relaxformel näherzubringen und dich davon zu überzeugen, dass du mit ihr auch ein leichteres und angenehmeres Leben führen kannst. Den zweiten Teil des Buches werde ich dann am Mondsee in Österreich verfassen, um das fertige Werk im Herbst 2014 veröffentlichen zu können.

Um in die für mich passende mentale Stimmung zu kommen, gönnte ich mir vor dem Beginn der Buchkonzeption in den letzten Tagen eine kurze Auszeit. Direkt von zahlreichen Auftritten und beruflichen Projekten aus Österreich kommend landete ich – nach einer 20 Stunden langen Reise am Flughafen von Cape Town. Ich spürte, dass die innere Aktivität der letzten Wochen noch sehr stark in mir nachwirkte.

Blick auf Kapstadt in Südafrika mit Tafelberg, Signal Hill und Lions Head

Als ich noch am Flughafen in einen Shop ging, um mir eine afrikanische SIM-Karte zu kaufen, gelangte ich durch ein Erlebnis zu der klaren Erkenntnis, dass ich nun wirklich in einem anderen Land angekommen bin.

„Gott gab den Afrikanern die Zeit und den Europäern die Uhr."

Altes Sprichwort

Mindestens vier Mitarbeiterinnen befanden sich in dem Geschäft eines Telefonanbieters. Niemand außer mir wurde bedient und plötzlich, noch aus der europäischen Zeit- und Stressgesellschaft kommend, wurde mir bewusst, mit welcher Gelassenheit und Ruhe diese Frau ihre Arbeit verrichtete. Sprichwörtlich gesehen hätte wohl auch ein Bombeneinschlag nichts an ihrer inneren Ruhe verändert. Sie strahlte eine echte, stolze Zufriedenheit aus. Ich nutzte diesen Moment, um dieses Bild festzuhalten und mir noch einmal bewusst zu machen warum ich hierher gereist war.

Meine Mission ist, dir ein System zu geben, das dir diese innere Ruhe und Gelassenheit in den Momenten gibt, in denen du sie am dringendsten benötigst: Dass du – genau so wie die Frau im Geschäft – diese innere Ruhe nicht nur fühlst, sondern auch nach außen ausstrahlst und deinen Mitmenschen zeigen kannst.

Ich werde immer gefragt, wie man Menschen entspannt. Meine ganz spontane und ehrliche Antwort darauf ist immer: „Indem ich mich zuerst selbst entspanne." Alles, was man selbst bei sich bewirkt, strahlt auch auf andere aus. Ich glaube, die Dame im Geschäft tat dies einfach aus ihrem Gemüt heraus. Ihr natürliches Verhalten bewirkte bei mir aber ein ganz starkes Gefühl: Ja! Ich bin jetzt in Afrika. Ja! Ich muss jetzt einmal einen Gang herunterschalten und meine Energie absenken. Ich muss jetzt ankommen und diese Entspannung wirklich spüren.

ES MUSS NICHT IMMER BURNOUT SEIN

Wenn du dir die Mühe machst, in der Suchmaschine Google das Wort „Entspannung" einzutippen, dann erscheinen parallel zu den entsprechenden Fachartikeln und Einträgen sofort Wörter wie Stress, klinische Psychologie, Praxis für Psychotherapie, Burnout und vieles mehr.

Kann es sein, dass wir Menschen mit der Zeit gelernt haben, Entspannung immer mit einem bestimmten, unangenehmen Klischee in Verbindung zu bringen? Haben wir, wenn an Entspannung gedacht wird, sofort eine Verbindung zu Stress und negativen Erfahrungen?

Viele Freunde und Bekannte, denen ich von meiner Relaxformel und dem Thema Entspannung erzählte, sagten dazu: „Genau das brauche ich auch dringend, ich bin ja so im Stress!"

Ein lieber Freund von mir – Adi Hütter, erfolgreicher Fußballtrainer bei uns in Österreich – teilt Menschen in Verbindung mit Erfolg in zwei Gruppen. Einerseits gibt es die Misserfolgs-Meider und andererseits die Erfolgs-Sucher. Menschen, die Meider sind, fokussieren permanent das Negative und möchten diesem aus dem Weg gehen. Menschen, die Sucher sind, haben in diesem Falle immer das positive Ziel, den Erfolg, im Blick und tun alles dafür, diesen zu erreichen.

So sehe ich es auch beim Thema Entspannung. Es gibt die Stress-Meider und die Entspannungs-Sucher. Ich möchte dich in diesem Buch vom Stress-Meider zum Entspannungs-Sucher machen. Ich möchte dir zwar die Auswirkungen von Stress und sein Entstehen später ausführlich erklären. Im Anschluss daran werde ich dir aber mit diesem Wissen nur noch die positive Suche nach Entspannung und alle wunderbaren Auswirkungen und Eigenschaften dieses angenehmen Zustandes näher bringen.

„Positives Denken bedeutet nicht, dass keine negativen Gedanken mehr kommen, sondern dass sie nicht bleiben!"

Weisheit eines Indianers

Wir müssen nicht unbedingt krank sein, wenn wir Stress haben, wir müssen uns nicht sofort selbst krank machen, wenn uns dieses unbestimmte Gefühl beschleicht, auf ein Burnout zuzusteuern. Vielleicht kann uns ein Verändern der Fokussierung auf positive Lebensmomente schon sehr unterstützen, ein entspanntes Leben zu führen? Mein Anliegen ist es, STOP zu sagen zum Trend Burnout! Ich möchte dir mit diesem Buch Kraft geben und mit meiner Formel einen Weg zeigen, es zumindest zu versuchen, das Positive zu erreichen – anstatt immer nur das Negative beseitigen zu wollen.

Dr. Waltraud Horeth, Fachärztin für Psychiatrie und Psychotherapeutische Medizin und Burnout-Expertin bestätigt mir immer wieder die oft irrtümliche Verwendung des Begriffes Burnout:

„Ja, Burnout ist heutzutage in aller Munde. Der Begriff wird in den Medien zum Teil sehr ungenau definiert und oft sehr allgemein verwendet. Der Irrglaube, dass sehr viel Arbeit gleichzusetzen ist mit Burnout, stimmt definitiv nicht. Der Mensch, der wirklich unter Burnout leidet, ist einerseits sehr arbeitsüberlastet, hat hohe Ansprüche an seine Arbeit, zeigt Frustration, ist ausgelaugt und fühlt sich immer mehr im Stress. Seine Anstrengung steht aber in keiner Relation mehr zur Qualität seiner Arbeit, die Fehlerhäufigkeit steigt, es folgt Rückzug bis hin zur Depression und zu Selbstmordgedanken."

Dr. Waltraud Horeth

Wie der Begriff Burnout korrekt zu verwenden ist und warum Burnout eigentlich keine Krankheit ist, erklärt uns Dr. Horeth folgendermaßen:

„Burnout selbst hat nicht die Kriterien einer echten Diagnose in den internationalen Richtlinien, wird aber für sehr viele Zustände sehr gerne zu schnell verwendet, oft schon, wenn man sich einfach nicht wohl fühlt. ‚Ich arbeite viel...ach, ich habe Burnout', klingt für manche Patienten fast schon wie ein Orden und ein Lob. Aber nur müde zu sein, wenn ich nach Hause komme von der Arbeit, ist noch lange kein Burnout, sondern oft einfach Übermüdung und Überarbeitung. Dieser Umstand wird häufig verwechselt

und als Burnout verallgemeinert. Der Begriff Burnout ist in der aktuellen Definition nur in Verbindung mit Arbeit und nicht mit dem Privatleben zu verwenden. Die Kriterien dafür sind: Zuviel Arbeit plus Druck in der Arbeit plus mangelnde Wertschätzung. Da Burnout keine offizielle Krankheit ist und keine internationale Codierung besitzt, werden Krankschreibungen dann gerne nach der Codierung F43.2 vorgenommen, das bedeutet Anpassungsstörung mit depressiver Reaktion."

Waltraud und ich haben uns noch viel ausführlicher über das Thema Burnout unterhalten. Einen Audio-Mitschnitt dieses Gespräches kannst du dir sehr gerne anhören auf www.horeth-institut.at.

BURNOUT SCHNELLCHECK

Falls du dir zu diesem Thema bereits einige Gedanken gemacht hast und dir nicht sicher bist, ob du unter Burnout leidest oder nicht, findest du hier einen kleinen Fragenkatalog. Solltest du den Großteil dieser Aussagen mit JA bestätigen, dann wäre es sehr sinnvoll, professionelle ärztliche Hilfe in Anspruch zu nehmen:

Ich habe oft Rückenschmerzen.
Ich leide häufig an Kopfschmerzen.
Ich verspüre mangelnden Respekt in der Arbeit.
Ich fühle mich überlastet.
Ich leide unter Lustlosigkeit.
Mir kommt bei Gedanken an meine Arbeitsstelle das Grauen.
Ich habe kein Interesse mehr an anderen Dingen.
Ich kann abends nicht gut einschlafen.
Ich denke immer negativ an die Arbeit.
Ich habe in meiner Freizeit keinen Ausgleich zur Arbeit.
Ich habe zu wenig soziale Kontakte.
Ich habe nicht genug Ruhepausen.
Ich überlaste mich durch zu viel Sport.
Ich kann keine Ruhe mehr geben.
Meine Freunde und meine Familie sagen, dass ich nur mehr misslaunig bin.
Ich fühle mich ausgepowert, leer und eingeengt.
Meine Gedanken kreisen stundenlang umher und ich denke dabei nur an die Arbeit.
Ich arbeite um so viel mehr als meine Kollegen und auch das ist nicht genug.
Ich bin Opfer von Mobbing.
Ich beschuldige andere, faul zu sein.

Dieses Buch ist kein Buch für Menschen, die eine Therapie benötigen und dieses Buch ersetzt auch keine psychotherapeutische Hilfe.

Dieses Buch bietet dir, lieber Leser, die Chance, durch eine Formel auf den für dich optimalen Entspannungslevel zu kommen, in stressigen Momenten zu wissen, wie man besser und entspannter damit umgehen kann und am allerwichtigsten: Dieses Buch wird deine Lebensqualität verbessern, indem du dich in vielen Momenten deines Lebens einfach entspannter, gelassener und innerlich ruhiger fühlen wirst.

IM AUGE DES HURRIKANS

Jürgen Fux, ein sehr bekannter moderner österreichischer Künstler, der seine Bilder auf der ganzen Welt ausstellt, erzählte mir wirklich erstaunliche Erkenntnisse über das Phänomen der Wirbelstürme.

Er selbst segelte vor vielen Jahren mit einem Schiff monatelang durch die Karibik, und als wir uns vor einigen Tagen für eine kleine Bootsfahrt am Mondsee trafen, näherte sich ein Gewitter. Bei dieser Gelegenheit beschrieb mir Jürgen ein sehr faszinierendes Erlebnis. Er selbst war unfreiwillig während seiner Zeit in der Karibik mitten in einen dieser gefährlichen Wirbelstürme geraten. Schrecklich, was so ein Hurrikan verwüsten und anrichten kann. Jedes Jahr sehen wir im Fernsehen diese unfassbaren Bilder, wie ganze Inseln und Städte vollkommen zerstört werden.

Was hat nun dieses Wettermonster mit Entspannung und innerer Ruhe zu tun? Jürgen beschrieb mir das faszinierende Phänomen und die einzigartige Stimmung im "Auge des Hurrikans". So wird der Punkt genau im Zentrum des Wirbelsturms genannt. Während außerhalb dieses Zentrums die gewaltigen Winde ihre Kraft austobten, über 20 Meter lange Schiffe durch die Luft wirbelten und ganze Häfen vollkommen zerstört wurden, war Jürgen mitten im sogenannten Auge, wo es völlig ruhig und windstill war. Unglaublich – aber es ist so. Im Innern der Wirbelstürme, im Auge, das einen Durchmesser von 50 bis 350 Kilometer erreichen kann, gibt es keine Temperaturunterschiede und das Wetter nimmt von außen keinen Einfluss auf den Innenbereich. Dadurch ist es dort windstill. Früher dachten die Menschen, welche sich im Auge befanden, der Wirbelsturm sei vorüber und verließen ihre schützenden Behausungen. Dieser Irrtum kostete vielen Menschen das Leben.

Warum erzähle ich dir das? Viele von uns bewältigen ihre Arbeit Tag für Tag mit großem Energieaufwand und wenden dabei viel Kraft dafür auf, dem Stress zu entkommen beziehungsweise dem Sturm der unangenehmen Einflüsse auszuweichen. Ich möchte dir zeigen, wie du in deinem Leben nicht ständig einem Stress-Hurrikan ausweichen musst, sondern dich geschickt im Auge des Hurrikans aufhältst. Es wird nicht zu vermeiden sein, dass es rund um dich herum immer wieder zu Stress-Stürmen kommt und du dich auch mitten drin befindest. Wenn du aber die Relaxformel beherrschst, wirst du es schaffen, dich trotz stressigen Umfelds im Auge des Wirbelsturmes zu bewegen und die Ruhe und Gelassenheit zu spüren.

Wirbelsturm über der Karibik

Ein kleines physikalisches Experiment zeigt dir dieses Phänomen:

Ein vergleichbarer Wirbel kann auch in der Badewanne erzeugt werden. Hat das Wasser eine bestimmte Höhe beim Ablassen erreicht, entsteht über dem Abfluss ein Strudel. Wird eine kleine Kugel an einen Faden gebunden und genau in das Auge des Wirbels gehalten, entsteht keine Drehbewegung.

Allerdings kann sich ein Wasserwirbel in der Badewanne nicht zur Seite wegbewegen. Sind die Gegebenheiten für einen Wasserwirbel verschwunden, löst sich dieser wieder auf.

IM AUGE DES HURRIKANS DIE RUHE ERLEBEN

HORETH Mentalübung

Um ein Gespür dafür zu bekommen, wie es sich im Auge anfühlt, darf ich dich nun zu folgender Mentalübung einladen. Lies dir kurz die Anleitung durch und schließe dann die Augen, um in Gedanken dein persönliches „Auge des Hurrikans“ Wirklichkeit werden zu lassen.

Anleitung: Stell dir vor, du befindest dich in der Mitte eines gigantischen Hurrikans. Alles um dich herum wird gewaltvoll weggerissen und wirbelt in der Luft umher. Du bist im Inneren dieses tropischen Sturms und gewaltige Winde drücken gegen deinen Körper, lassen Staub und Erde auf deine Haut prallen und immer wieder trifft dich ein Stein oder ein Ast. Du spürst die Erschütterung auf deinem Körper, empfindest aber keine Schmerzen. Du kannst dich kaum mehr halten, so stark rüttelt der Hurrikan an dir. Zudem nimmst du den Wind wahr, der dir mit furchtbarem Geheul um die Ohren bläst. Du hörst das Krachen von Häusern, die einstürzen, das Schreien von Menschen, die um Ihr Leben laufen, die Angstschreie von Tieren, die ihre Verstecke aufsuchen. Du beobachtest, wie alles, was lebt, im Stress ist und ums Überleben kämpft.

Jetzt begib dich langsam in das Auge des Hurrikans, wo der Wind mit einem Mal schwächer wird und dann ganz aufhört. In diesem kleinen Stück, genau in der Mitte des Wirbelsturmes, ist es ruhig, die Sonne scheint und du kannst das kräftige Blau des Himmels sehen. Rund um dich herum türmen sich dunkle Wolkenberge auf, aber über dir ist alles ruhig und friedlich.

Genieße jetzt diese Ruhe im Auge des Hurrikans, den Frieden in der Mitte. Stell dir vor, wie sich dein Geist entspannt. Sieh deine stressigen Gedanken und hektischen Lebensmomente wie die Sturmböen um dich herumjagen, aber lass dich nicht mehr auf ihre Energie ein, sondern bleib außerhalb von ihnen, beobachte sie.

Das ist doch ein schönes Bild: Du im „Auge des Sturms“, locker und gelassen –und um dich herum Hektik pur. Behalte die Ruhe und fühle dich wohl und sicher.

2. HERR UND FRAU STRESS

DER STRESSERFINDER

Wenn du dich an deine letzten Tage, Wochen und Monate erinnerst, wirst du neben den vielen unterschiedlichen Emotionen deines Lebens auch das Gefühl von Stress sehr genau wahrnehmen. Stress ist in unserer hektischen, schnelllebigen Gesellschaft ein täglicher Begleiter geworden. Wir nehmen uns in zu kurzer Zeit zu viel vor, wir haben Zukunftsängste und zu wenig Zeit für Hobbys und für unsere Familie. Eine Frage, die im Umgang mit Stress ganz zentral im Raum steht, ist: Würde es uns ohne Stress viel besser gehen?

Die Antwort ist hier eindeutig – ein stressfreies Leben würde uns vor keine Herausforderungen stellen. Es müssten keine Probleme bewältigt und keine neuen Lösungen gefunden werden. Somit gäbe es für uns auch keinen wirklichen Grund mehr, unseren Verstand zu schärfen und unsere Fähigkeiten zu verbessern. Der Mensch braucht also immer wieder Herausforderungen und Ziele, um zu wachsen und sich weiterzuentwickeln.

„Wir haben genug Zeit, wenn wir sie nur richtig verwenden."

Johann Wolfgang von Goethe

Danke, Hans Selye! Was würden wir heutzutage ohne das Wort Stress nur tun? Stress ist zu einem wesentlichen Begriff unseres Wortschatzes geworden, ohne den wir wohl nicht mehr auskommen können. Es hat sich in den letzten Jahren zu einem Modewort entwickelt, das durch den allzu häufigen Gebrauch bereits selbst stresst: Man kann es „fast schon nicht mehr hören".

1952 erschien Hans Selyes erstes Buch über Stress und die Menschen erkannten in dem von ihm beschriebenen Druck ihre alltäglichen Belastungen wieder. In den 1960er-Jahren galt Stress als die Manager-Krankheit, heute jammern alle über zu viel Stress – vom Schulkind bis zum Rentner. Natürlich auch deshalb, weil das, wofür es steht, in allen modernen Ländern stark zugenommen hat.

Böse Zungen behaupten, dass für manche alles Stress sei, was nicht Kaffeepause ist. Der Stressreport Deutschland berichtet allerdings von 59 Millionen Arbeitsunfähigkeitstagen wegen „psychischer Belastung am Arbeitsplatz". 43 Prozent aller Beschäftigten geben an, dass der Leistungsdruck in den letzten Jahren deutlich zugenommen habe.

In Österreich sehen ein Drittel aller Berufstätigen die eigene Gesundheit durch ihre Arbeit beeinträchtigt und rund 40 Prozent spüren bei ihrer beruflichen Tätigkeit häufig bis ständig enormen Zeitdruck. Je stärker die Qualität von Arbeit über den konkreten Erfolg gemessen wird, also an die Erreichung von Zielen wie Umsätze oder Verkaufsabschlüsse gekoppelt ist, desto höher ist das Gesundheitsrisiko.

Sehr beunruhigend finde ich auch, dass mehr als ein Drittel der Berufstätigen selten bis nie Arbeitspausen einplanen und fast die Hälfte aller arbeitenden Menschen unter Monotonie und zeitraubenden Störungen am Arbeitsplatz leiden.

„Die Ursache für Stress liege stattdessen in der Einstellung jedes Einzelnen. Wer nur an sich selbst denke, leide bald unter vielen unerfüllten Wünschen: Dies führt zu innerer Schwäche."

Dalai Lama

Stressig findet heutzutage der Schüler das tägliche Hetzen zum Schulbus am Morgen, weil er davor zu lange herumtrödelt. Andererseits erlebt die berufstätige alleinerziehende Mutter ihren Stress, da sie ein krankes Kind mit Schnupfen zu Hause hat. Stress ist aber auch die Unsicherheit eines mitten im Leben stehenden Mannes, der aufgrund von wirtschaftlich begründeten Entlassungen seinen Arbeitsplatz gefährdet sieht.

Ob große Lebenssorge oder kleiner Ärger – die vielen Stress-Momente des Alltags scheinen auf Dauer so gefährlich wie echte Lebenskatastrophen. Sie können in bestimmten Mengen das Denken und Erinnern zu außergewöhnlichen Leistungen anregen. Zu viel jedoch wirkt wie Gift. Die Hormone schwächen das Immunsystem. Menschen im Dauerstress haben ein drei- bis fünffach erhöhtes Risiko für Viruserkrankungen.

WAS IST STRESS?

Stress ist eine Reaktion des Menschen auf Ereignisse, die dessen Gleichgewicht stören und ihn viel Energie kosten. Diese Ereignisse umfassen eine große Bandbreite an äußeren und inneren Faktoren, die allgemein Stressoren genannt werden. Ein Stressor ist ein Ereignis, dass von den Menschen eine Reaktion und Anpassung fordert: Der Abgabetermin für eine Arbeit wird von ihrem Chef nach vorne verlegt, ein Arbeitskollege ist überraschend krank geworden und sie müssen die zusätzliche Arbeit termingerecht abwickeln.

Die Antwort der Personen auf die dadurch notwendig gewordenen Veränderungen besteht in einer Reihe von unterschiedlichen Reaktionen auf verschiedenen Ebenen:

Reaktion 1 – die physiologische Ebene
Reaktion 2 – die Verhaltensebene (behaviorale Ebene)
Reaktion 3 – die emotionale Ebene
Reaktion 4 – die Verstandesebene (kognitive Ebene)

Grafik zum unterschiedlichen Umgang mit Stress. Menschen reagieren häufig unterschiedlich auf die gleiche Situation.

Die meisten Menschen verbinden Stress mit dem sogenannten Disstress und nehmen dabei an, jeder Stress sei schlecht. Die Vorsilbe dis- (griech.: dys-) bedeutet „miss-, schlecht". Disstress sorgt für eine stark erhöhte Anspannung des Körpers und führt auf Dauer zu einer Abnahme von Aufmerksamkeit und Leistungsfähigkeit. Disstress wird in erster Linie durch den selbst auferlegten Leistungs- und Zeitdruck ausgelöst. Dieser negative Stress wird von den betroffenen Menschen auch immer als Belastung und Störfaktor wahrgenommen.

Allerdings gibt es auch Eustress, also guten Stress, der für viele positive Änderungen im Leben verantwortlich ist. Die ebenfalls aus dem Griechischen stammende Vorsilbe eu- bedeutet „wohl, gut, richtig, leicht". Ein gewisser Stresslevel ist grundsätzlich für unser Überleben notwendig, denn positiver Stress verstärkt Aufmerksamkeit und Leistungsfähigkeit des Körpers. Im Gegensatz zum Disstress wirkt sich Eustress auch bei dauerhaftem Auftreten positiv auf unseren Körper aus, ohne ihm zu schaden – indem er uns motiviert, fröhlich sowie auch kreativ und glücklich macht.

„Ständig gehetzte Zeitgenossen vermitteln den Eindruck, dass sie ihr Leben unbedingt in Rekordzeit hinter sich bringen wollen."

Ernst Ferstl

MR. BRAIN
Wissenschaft für jedermann

WIE STRESS IN DEINEM KOPF ENTSTEHT

Stress entsteht im Gehirn, genau gesagt im Hypothalamus. Dieser Bereich, auch Stresszentrum genannt, steuert das autonome Nervensystem und aktiviert die Hirnanhangsdrüse. Das autonome Nervensystem reguliert die Aktivität der Körperorgane (z.B. die Atmung wird schneller, das Herz schlägt schneller und die Blutgefäße ziehen sich zusammen…).

Zusätzlich regt das autonome Nervensystem während akuten Stresses die Produktion von Adrenalin an, indem es dem inneren Teil der Nebennieren signalisiert, die Hormone Adrenalin und Noradrenalin auszuschütten. Diese Reaktion bewirkt bei einer Anzahl weiterer Organe wiederum eine Kettenreaktion.

Die Milz entlässt mehr rote Blutkörperchen, dadurch wird das Knochenmark stimuliert, mehr weiße Blutkörperchen zu produzieren. Um mehr Energie zu erzeugen, wird die Leber bei Stress angeregt, mehr Zucker bereitzustellen.

Die Hirnanhangsdrüse reagiert auf die Signale im Gehirn mit der Herstellung zweier lebenswichtiger Hormone bei Stress: Thyreotropin (THS) und das adrenocorticotrope Hormon (ACTH). THS stimuliert die Schilddrüse, diese setzt dadurch mehr Energie für den Körper frei.

Als zweites Hormon wird das ACTH freigesetzt, das auch als „Stresshormon" bekannt ist und die Nebennierenrinde stimuliert. Dadurch wird Cortisol gebildet. Cortisol hat eine Vielzahl von Effekten auf Stoffwechsel, Immunsystem und Organe.

Die Auswirkungen von langanhaltendem Stress wurden genauestens untersucht und in einem Modell sehr genau beschrieben.

Sind wir über längere Zeit negativem Stress ausgesetzt, bewirkt dies zwar eine kurzzeitige Erhöhung der Widerstandskraft, langfristig kommt es aber zu schweren körperlichen Schäden. Man unterscheidet drei Stufen der Reaktion auf Stressoren: die Alarmreaktion, die Stufe des Widerstandes und die Phase der Erschöpfung.

1. Alarmreaktionen sind kurze Phasen akuten Stresses, im Sinne der Kampf-oder-Flucht-Reaktion, die den Körper für eine kurze Bedrohung bereitmachen. Hält der akute Stress an, kommt es zur nächsten Stufe.
2. In der Widerstandsreaktion kann der Mensch weiteren Schädigungen durch den Stressor standhalten und ihnen widerstehen. Dauert der Stressor jedoch länger an, gehen die Ressourcen des Körpers zur Neige und die letzte Phase tritt ein.
3. In der Erschöpfungsreaktion ist der Mensch besonders gefährdet. Denn ist der Körper einmal dauerhaft gestresst, kann die gesteigerte Produktion von Stresshormonen das Immunsystem massiv schwächen. Natürliche Killerzellen, Krebszellen und andere bedrohliche Infektionen können nicht länger vom Körper zerstört werden und führen zu schweren Erkrankungen bis hin zum Tod.

„Nicht Stress an sich, sondern die nicht von einem Erfolg gekrönte Anstrengung ist ein Risikofaktor für die koronare Herzkrankheit.“

Professor Johannes Siegrist

DER SPRINGBOCK UND DER LEOPARD

Es ist ein wunderschöner stiller Morgen mitten in der afrikanischen Savanne.

Der Morgentau lässt die Grashalme in den aufgehenden Sonnenstrahlen schimmern. An einer in den Weiten der Savanne verborgenen Wasserstelle löscht ein prächtiger Leopard seinen Durst. Nur ein Bedürfnis kann er an diesem Morgen noch nicht stillen – das ist sein Hunger, das sich durch unerbittliches Magenknurren bemerkbar macht. Er ist alleine und hat Lust zu jagen. Er legt sich im hohen Gras auf die Lauer nach seiner Beute. Aus der Ferne sehen seine raubkatzenscharfen Augen eine Herde Springböcke näherkommen. Sie wirken fröhlich vergnügt, vollkommen stress- und sorgenfrei, wie wenn sie sich über den neuen sonnigen Tag freuen würden.

Dabei hätten doch gerade diese Springböcke wirklich jeden Grund dazu, in ihrem Leben dauergestresst zu sein. Sie verbringen ihre Zeit in unmittelbarer Nachbarschaft von jeder Menge Raubtieren, die großen Appetit auf sie haben. Doch die Anwesenheit des Leoparden versetzt den Springbock noch lange nicht in Stress.

Der Springbock ist das Wappentier Südafrikas und gehört zu den schnellsten Tieren der Welt

Der Springbock hat offenbar Wichtigeres zu tun, als sich um einen Leoparden zu kümmern, der ein paar Meter weiter neben ihm im Savannengras liegt, er muss nämlich selbst Nahrung zu sich zu nehmen. Ein Springbock gerät nur dann unter Stress, wenn es ihm dabei hilft, eine kurzfristige Notsituation zu meistern. Darüber hinaus könnte er es auch körperlich gar nicht verkraften, ständig unter Stress zu stehen, sobald sich ein Raubtier nähert. Trotzdem behält der Springbock das Raubtier genau unter Beobachtung, um erst genau dann, wenn reale Gefahr droht, blitzschnell reagieren zu können.

In diesem Fall ist es so, als würde ein Schalter im Gehirn des Springbockes umgelegt werden. Wenn es tatsächlich zu einem Angriff kommt, kann der Springbock mit einer Geschwindigkeit von fast 90 Stundenkilometern fliehen. Damit gehört er zu den schnellsten Säugetieren weltweit. Nach 2 Sekunden erreicht er schon 62 km/h, womit er fast an Formel 1 Niveau herankommt: Ein Formel 1 Auto beschleunigt in 2,5 Sekunden von Null auf 100 Stundenkilometer.

Während der Flucht-Reaktion steht der Springbock natürlich unter einem enormen Stress. Alle Kräfte werden gebündelt und aktiviert, um so schnell wie möglich vor dem Leoparden fliehen zu können. Der Puls rast, Blutdruck und Atemfrequenz steigen, große Mengen Adrenalin strömen durch die Blutbahnen, die Verdauung wird gestoppt, die Immunabwehr zurückgefahren und alle Sinne werden um ein Vielfaches geschärft. Ein fliehender Springbock sieht, hört und riecht besser als einer, der sich in ruhiger Verfassung befindet und z.B. vor sich hin spaziert. Das Adrenalin verleiht dem Springbock die Kraft und Ausdauer, dem Leoparden zu entkommen. Die Bewegung sorgt aber auch dafür, dass das Adrenalin im Körper später wieder effizient abgebaut wird. Fühlt sich der Springbock wieder in Sicherheit und ist das Stresslevel wieder auf Null, hat er bereits wieder alles vergessen.

Dieses natürliche Verhalten der Springböcke zeigt uns sehr gut, zu welchem Zweck sich Stress sich in unserem Körper entwickelt. Wir sollen sekundenschnell in die Lage versetzt werden, über unser normales Niveau hinaus reagieren zu können. Blitzschnell müssen alle verfügbaren Vitalstoffe in die Muskeln gelangen. Wenn wir die Situation, die uns stresst, aber nicht meistern können, dann wirkt sich das lebensgefährlich auf uns aus.

Wir können keine Energie mehr speichern, da sie ja ständig im Stresszustand benötigt wird und so eine permanente Erschöpfung zur Folge hat. Die Stressreaktion des Springbockes kann uns als Vorbild dienen. Er lebt mit den dauerhaften Gefahren seines Lebensraumes – ohne Stress, aber mit Gelassenheit und Lebensfreude. Die Anwesenheit möglicher Gefahren oder störender Faktoren beunruhigen den Springbock noch nicht. Erst wenn ihm diese real zu nahe kommen, wird Stress kurzfristig ausgelöst, um das eigene Leben zu retten und dem Stressauslöser zu entfliehen.

Auch wir sollten uns von möglichen negativen Entscheidungen, eventuellen schlechten Nachrichten, anscheinend katastrophalen Ergebnissen oder vermutlichen Feinden nicht aus der Ruhe bringen lassen!

STRESSREAKTIONEN AUF DAS LEBEN

Momente im Leben werden erst dann zu belastendem Stress, wenn du dich in diesen Situationen überfordert fühlst. Diese Überforderung kann auf unterschiedlichen Ebenen passieren, z.B.:

- Du möchtest etwas außergewöhnlich gut machen
- Du hast zu viel in zu wenig Zeit zu erledigen
- Du hast eine unlösbare Aufgabe vor dir
- Du wirst ständig abgelenkt und unterbrochen
- Du wirst durch etwas Unerwartetes in deinen Plänen behindert
- Du bist durch Sorgen und Probleme abgelenkt
- Du bekommst Streit mit einer anderen Person
- Du fühlst dich krank oder körperlich schwach
- Du musst eine wichtige Entscheidung alleine fällen

Hans Selye, Pionier in der Stressforschung, definierte Stress als physische Reaktion des Menschen auf bedrohliche Lebensereignisse, aber auch auf Ereignisse, die starke Veränderung bedeuten. Große Lebensereignisse, positive wie auch negative, sind bei den meisten Menschen die Ursache für Stress. In Forschungsprojekten wurde versucht, den Einfluss von Ereignissen auf ihre Auswirkungen hin zu untersuchen.

Die Forscher haben dabei eine einfache Antwort gefunden: Je mehr Veränderungen im Leben auftauchen, umso größer ist der wahrgenommene Stress der Betroffenen. Wenn beispielsweise ein Elternteil stirbt, erschüttert es das Leben der Kinder in jedem Lebensbereich, was zu enormem Stress führen kann. Aber auch erfreuliche Veränderungen wie eine Beförderung können großen Stress erzeugen, da auch das ein Anpassen an eine neue Situation erfordert.

Stresshormone beeinflussen also unser Lebensgefühl und unser Verhalten. Laut einer neuen Studie senkt das Stresshormon Cortisol z.B. sogar unsere Risikobereitschaft bei der Geldanlage.

Ohne Risiko geht es nicht und die wahre Kunst ist es, dabei die Gefahr richtig einzuschätzen. Genau daran scheitern Investoren an der Börse immer wieder. Mit anderen Worten: Einmal ist man zu gierig, ein anderes

Mal wieder zu vorsichtig. Bisher ist die Wissenschaft davon ausgegangen, dass die Risikobereitschaft eine relativ stabile Eigenschaft ist.

Das stimmt laut neuesten Erkenntnissen nicht ganz, denn anscheinend wird unsere Freude an finanziellen Risiken auch von unseren Hormonen gesteuert.

Bei einem Test nahmen die Versuchspersonen an sieben aufeinanderfolgenden Tagen drei Mal täglich das Stresshormon Cortisol zu sich. Was die Probanden nicht wussten: Die Hälfte der Personen bekam ein Placebo, wirkungslose Tabletten, verabreicht. Sie glaubten also nur, das Hormon einzunehmen, wussten aber nichts von der Wirkungslosigkeit. Im Laufe des Zeitraumes nahmen die Versuchspersonen nun vier Mal an einem Computerspiel teil, bei dem es Geld zu gewinnen gab und für das man auch Geld setzen musste. Es gab zwei Auswahlmöglichkeiten, Option A war für Angsthasen, Option B für Risikofreudige.

Wie haben sich die Personen bei diesen Geldspielen jeweils entschieden? Das interessante Ergebnis: Die Placebo-Gruppe ließ sich im Laufe des Versuchs nicht beeinflussen, bei der Cortisol-Gruppe war das Verhalten hingegen deutlich anders. Ihre Risikobereitschaft, Geld zu verlieren, sank um erhebliche 44 Prozent.

Aber wie stressintensiv reagieren wir allgemein auf Ereignisse unseres Lebens? Um diesen Stressanteil anhand der Lebensereignisse zu messen, entwickelten die Psychiater Holmes und Rahe ein Messinstrument, die sogenannte Lebensereignis-Skala. In vielen Studien ist der Zusammenhang zwischen belastenden Lebensereignissen und Gesundheit untersucht worden. Es wurde berichtet, dass die folgenden belastenden Lebensereignisse einen verschlechterten Gesundheitszustand und psychologische Störungen herbeiführen können. Bei der Untersuchung der Beziehung zwischen Lebensstress und Erkrankungsbeginn konnte nämlich festgestellt werden, dass kranke Menschen im Jahr vor ihrer Erkrankung viel höhere Stresswerte aufwiesen als gesunde Menschen.

Nimm dir doch jetzt einen Augenblick Zeit dafür, dein Stresslevel anhand dieser effektiven Methode zu ermitteln.

So funktioniert die folgende Lebensereignis-Skala: Jedem Ereignis in der anschließenden Tabelle ist ein Punktewert zugeordnet, je nachdem, wie viel Stress das Ereignis verursacht. Kreuze auf der Liste nun die Ereignisse an, die dir im letzten Jahr widerfahren sind und addiere schließlich die zugehörigen Punktewerte. Die Gesamtsumme steht für den erlebten Stresslevel in diesem Jahr. In mehreren Untersuchungen zeigte sich: Je höher der Punktewert ausfiel, desto schlechter war das körperliche und psychische Befinden der Personen.

DER GROSSE STRESSTEST

Rang	Ereignis	Stresswert	Ihre Punktzahl
1	Tod des Ehepartners	100	
2	Scheidung	73	
3	Scheidung vom Ehepartner	65	
4	Haftstrafe	63	
5	Tod eines Familienangehörigen	63	
6	Eigene Verletzung oder Krankheit	53	
7	Heirat	50	
8	Verlust des Arbeitsplatzes	47	
9	Aussöhnung mit dem Ehepartner	45	
10	Pensionierung	45	
11	Änderung im Gesundheitszustand eines Familienangehörigen	44	
12	Schwangerschaft	40	
13	Sexuelle Schwierigkeiten	39	
14	Familienzuwachs	39	
15	Geschäftliche Veränderung	39	
16	Erhebliche Einkommensveränderung	38	
17	Tod eines nahen Freudes	37	
18	Berufswechsel	36	
19	Änderung in der Häufung der Auseindersetzungen mit dem Partner	35	
20	Aufnahme eines Kredits über 10.000 €	31	
21	Kündigung eines Darlehens	30	
22	Veränderung im beruflichen Verantwortungsbereich	29	
23	Kinder verlassen das Elternhaus	29	
24	Ärger mit der angeheirateten Verwandtschaft	29	
25	Großer persönlicher Erfolg	28	
26	Anfang oder Ende der Berufstätigkeit der Ehefrau	26	
27	Schulbeginn oder -abschluss	26	
28	Änderung des Lebensstandards	25	
29	Änderung persönlicher Gewonheiten	24	
30	Ärger mit dem Vorgesetzten	23	
31	Änderung von Arbeitszeit und -bedingungen	20	
32	Wohnungswechsel	20	
33	Schulwechsel	20	
34	Änderung der Freizeitgewohnheiten	19	
35	Änderung der kirchlichen Gewohnheiten	19	
36	Änderung der gesellschaftlichen Gewohnheiten	18	
37	Aufnahme eines Kredites unter 10.000 €	17	
38	Änderung der Schlafgewohnheiten	16	
39	Änderung der Häufigkeit familiärer Kontakte	15	
40	Änderung der Essgewohnheiten	15	
41	Urlaub	13	
42	Weihnachten	13	
43	Geringfügige Gesetzesübertretung	11	

Summe Ihrer persönlichen Stresswerte ____________

Auflösung des Stress-Testes:

über 300:	*Du bist einem hohen Gesundheitsrisiko ausgesetzt.*
zwischen 150-300:	*Du erlebst in den nächsten zwei Jahren mit 50-prozentiger Wahrscheinlichkeit eine schwere gesundheitliche Veränderung.*
150 und weniger:	*Du erlebst mit einer geringen Wahrscheinlichkeit eine schwere gesundheitliche Veränderung.*

Bei Werten unter 30 bist du mit hoher Wahrscheinlichkeit keinem signifikanten Gesundheitsrisiko durch Stress ausgesetzt.

AUSWIRKUNGEN VON STRESS

Bei den Auswirkungen von Stress muss man zwischen akutem unmittelbaren Stress und chronischem Stress unterscheiden. Bei akutem Stress schaltet der Körper auf eine Kampf-oder-Flucht-Reaktion wie im Beispiel des Springbockes und des Leoparden. Diese Reaktion ist eine alte, sinnvolle Antwort unseres Körpers auf tödliche oder gefährliche Bedrohungen. Der Körper aktiviert bestimmte Nerven und Drüsen, die uns die Kraft geben, uns selbst zu verteidigen und zu kämpfen oder eben auch zu flüchten. Dieser Modus stammt allerdings aus einer Zeit, in der Kampf oder Flucht oft über Leben und Tod entschieden. Die heutige Zeit ist jedoch von völlig anderen Stressoren gekennzeichnet (z.B. Beruf, Leistungsdruck, Familie etc.), die allerdings einen längeren Zeitraum hindurch wirken. Auf diese Stressoren kann der Mensch nun nicht mehr mit Kampf und Flucht reagieren, die ihm dabei helfen würden, den Stress abzubauen.

Die Auswirkungen von akutem Stress können in eine körperliche, geistige und psychische Ebene sowie in eine Verhaltensebene unterteilt werden. Physiologisch reagiert der Körper mit zahlreichen Veränderungen wie zum Beispiel der Erweiterung der Nebennierenrinde und des Lymphsystems, der Steigerung des Hormonspiegels und der Herzfrequenz. Dabei ziehen sich die Blutgefäße zusammen und Körperfunktionen wie die Verdauung werden ausgesetzt. Geistige Reaktionen auf akuten Stress können sich mitunter in geringerer Konzentration und verlangsamter Reaktionszeit zeigen. Zu den psychischen Reaktionen zählen zum Beispiel Emotionen wie Aufgeben, Ermüdung und Freudlosigkeit. Viele Menschen versuchen Stress unter anderem durch erhöhte Alkohol-, Nikotin- und Koffeinkonsum auszugleichen oder entwickeln ein ungesundes Essverhalten.

Nachweislich kann Stress die Hirnzellen schädigen. Das Denken und Erinnern wird schlechter. Besonders das Arbeitsgedächtnis wird durch Stress in der Informationsverarbeitung blockiert. Die Verknüpfung des neu zu Lernenden mit bereits Bekanntem sowie die Anwendung des Gelernten auf bestimmte Situationsmomente wird gehemmt. Angst und Depressionen nehmen zu. Das Immunsystem kann dauerhaft schwach bleiben und die Anfälligkeit für Krankheiten wird größer. Auch die Schleimhäute von Magen und Darm können sich bei Disstress entzünden, was die Entstehung von Magengeschwüren und Gastritis zur Folge hat.

Auf Dauer kann es zu Blutgerinnseln kommen, die sich ablösen und im Blutstrom durch den Körper treiben. Wenn diese kleinen Pfropfen dann in den Herz- oder Hirngefäßen stecken bleiben, wird die Blutversorgung behindert und es kann zu einem Herzinfarkt oder einem Schlaganfall kommen. Stress löst die Fettreserven aus der Leber. Wenn diese nicht verbraucht werden, besteht die Gefahr, dass sie sich in den Blutgefäßen ablagern und dort massive Schäden verursachen – bis hin zur Gefäßverstopfung.

„Manche halten einen ausgefüllten Terminkalender für ein ausgefülltes Leben."

Unbekannt

Auf Dauer kann sich Stress auf viele Bereiche des Körpers auswirken und unter Umständen zu körperlichen Erkrankungen oder Problemen führen.

SUBJEKTIV WAHRGENOMMENER STRESS UND GESUNDHEIT

Warum ist es wichtig, die subjektiv erlebten Ereignisse von den objektiven Gegebenheiten zu unterscheiden? Unsere Einschätzung und individuelle Bewertung der Situation haben eine maßgebliche Bedeutung für den erlebten Stressfaktor. Traumatische oder gesundheitsgefährdende Ereignisse bedrohen zwar zweifellos unsere Gesundheit und hinterlassen unwiderrufliche Spuren. So haben Menschen, die in der Nähe der Nuklearkatastrophe von Fukushima lebten, nachweislich ein stark erhöhtes Verstrahlungsrisiko.

Dennoch gibt es Ereignisse, die, je nach Interpretation der Person, nur auf solche Menschen eine negative Auswirkung haben, die es auf eine bestimmte Weise auffassen. Eine berufliche Herausforderung kann für manche als Chance gesehen werden sich zu beweisen, für andere jedoch bedeutet diese Herausforderung eine schwere berufliche Beeinträchtigung. Der subjektiv erlebte Stress ist demnach jener, der Probleme verursacht. Denn ein Problem ist nur dann eines, wenn wir es als solches auch wahrnehmen.

„Wer sowieso schon genug um den Hals hat, sollte nicht auch noch eine Krawatte drumhängen."

Willy Meurer

Professor **PSYCHO**
NEUES AUS DER FORSCHUNG

STRESS WIRKT AUF UNSERE GESUNDHEIT

Kann ein negativ bewertetes Ereignis unmittelbare Folgen für unsere Gesundheit haben? Ein Forscherteam hat sich genau mit dieser Frage beschäftigt und untersucht, inwieweit Stress sich direkt auf unser Immunsystem auswirkt und uns anfälliger für Krankheiten macht. Freiwillige Probanden wurden gebeten, die Ereignisse, die sich negativ auf ihr Leben ausgewirkt hatten, aufzuzählen.

Anschließend bekamen die Versuchspersonen Nasentropfen verabreicht, die zum einen Erkältungsviren oder aber eine harmlose Kochsalzlösung enthielten. Um jegliche andere Infizierung auszuschließen, wurden die Versuchspersonen danach isoliert untergebracht und hatten keinen Kontakt mehr zu anderen Personen. Die Ergebnisse bestätigen die Annahme, dass Stress auch unmittelbare Folgen für unser Immunsystem hat und uns krank macht. Diejenigen Personen, die mehr negative Lebensereignisse berichtet hatten, erkrankten mit größerer Wahrscheinlichkeit an einer Erkältung.

Chronischer Stress kann bei uns Menschen zu Depressionen führen. Internationale Forscher konnten kürzlich einen vergleichbaren Zusammenhang bei Fischen nachweisen. Sie untersuchten Zebrafische mit Stressanzeichen und entdeckten, dass ein antidepressives Medikament ihr Verhalten wieder normalisiert. Auch für Tiere bedeutet die plötzliche Veränderung der gewohnten Umgebung Stress. Die Trennung von Artgenossen setzt die Fische zusätzlich unter Druck. Die Zebrafische zum Beispiel zogen sich in einer solchen Situation erst einmal zurück und schwammen in den ersten Minuten nur sehr zögerlich. Litten sie unter Stress, dann ließen sie sich zum Beckenboden sinken und verharrten ganz ruhig. Danach gaben die Wissenschaftler ein Antidepressivum ins Wasser und tatsächlich verhielten sich die Fische kurz darauf wieder völlig normal.

Fische sind beliebte Forschungstiere in der Neurobiologie

DEN STRESS VERWANDELN

Jeder von uns erlebt heutzutage eine andere Intensität von Stress und wie wir schon gehört haben, schaffen wir es, je nach Persönlichkeit, damit gut oder weniger gut umzugehen. Eines jedoch ist fix: Ein stressfreies Leben gibt es heutzutage wohl kaum. Der Stress unserer modernen Gesellschaft ist der Preis für unsere immer mobile, schnelle und von Reizen überflutete Lebensweise. Was uns allen am Ende bleibt, ist die Chance, den Stress zu erkennen, zu akzeptieren, ihn intelligent zu reduzieren und aktiv in den Griff zu bekommen. Grundlegend für den Abbau von Stress ist unsere bereits erwähnte subjektive Wahrnehmung, inwieweit wir eine Situation als Belastung ansehen oder nicht. Stress entsteht also, wenn wir eine Situation als Schädigung und Bedrohung einordnen und keine Mittel zum Umgang mit diesen Anforderungen zur Verfügung haben.

Die Strategie, die wir in der Auseinandersetzung mit Belastungen einsetzen, wird unter dem Begriff Coping beschrieben. Coping kommt aus dem Englischen und bedeutet bewältigen und überwinden. Der Emotionsforscher Richard Lazarus definiert Coping als die Summe aller Bemühungen und Anstrengungen einer Person, die sich in einer wichtigen, aber auch überfordernden und belastenden Situation befindet, in der sie nicht über entsprechende individuelle Anpassungsmöglichkeiten verfügt. Die wesentlichen Aufgaben des Coping sind:

- Minimierung und Beseitigung der schädigenden Einflüsse
- Erhaltung eines positiven Selbstbilds
- Akzeptanz und Anpassung an negative Umstände
- Sicherung des emotionalen Gleichgewichts

Für ein wirklich individuelles effektives Stressmanagement muss man dann doch ein wenig Selbsterforschung betreiben.

„Ein überspannter Bogen reißt. Mit einem schlaffen Bogen kann man nicht schießen."

Ein Zen-Meister

STRESSMANAGEMENT DURCH SELBSTBEOBACHTUNG

HORETH Mentalübung

Frage dich selbst, welche Belastungen momentan unveränderbar scheinen und welchen Stress du dir damit machst. Überlege, an welchen Punkten sich etwas objektiv ändern lässt und versuche, dazu strategische Lösungsansätze zu finden:

Belastung 1: ....

Belastung 2: ....

Belastung 3: ....

Ein Großteil des Alltagsstresses lässt sich bekanntlich nicht so einfach abschaffen: ein ungerechter Chef, eine drohende finanzielle Katastrophe, eine Scheidung, die Krankheit eines Familienmitgliedes u.v.m. Wichtig ist in diesen Fällen, sich nicht in sinnlose Stressbekämpfungsmaßnahmen zu verstricken, ohne aber wirklich etwas ändern zu können! Das richtige Stressmanagement in Form von gesunden Gewohnheiten ist gefragt – mit der richtigen Balance aus Anspannung und Entspannung. In anderen Situationen kann es vielleicht schon helfen, die Sorgen mit einer Vertrauensperson oder mit ähnlich Betroffenen zu teilen bzw. seine Sichtweise zu verändern. Wenn der kleine Lukas in der Schule versagt, muss er nicht unbedingt faul sein, sondern durchläuft vielleicht gerade eine vorübergehende Entwicklungsphase, in der zusätzlicher Druck zuhause den Stress nur erhöht. Eine andere Einstellung zu entwickeln und sich immer wieder dazu zu animieren, diese auch wirklich zu leben, hilft häufig dabei, sich aus der Stressfalle zu befreien. Erfolgreiche Stressbewältigung hat auch immer wieder damit zu tun, dass man Distanz zu sich selbst gewinnt. Man ist nicht für alles und jeden verantwortlich und kann nicht alles und jeden kontrollieren.

Du wirst es kaum glauben, aber du kannst deinem mentalen Stress ein Schnippchen schlagen, indem du deine positiven Körperkräfte einsetzt. Es gibt kein besseres Beruhigungsmittel und keinen wirksameren Stress-Stopper als körperliche Ertüchtigung. Joggen, Schwimmen, Radfahren, Wandern oder auch Fußballspielen kann absolut genügen, um Stresshormone abzubauen, die Balance des Körpers wiederherzustellen und zu entspannen.

Leider ist es so, dass Entspannung nicht einfach so nebenher durch Nichtstun gefunden werden kann. Entspannung kann man nicht konsumieren. Wer ernsthaft an einem Ausgleich interessiert ist, muss etwas tun. Die Relaxformel zeigt dir, wie du deinen Ausgleich – deine Entspannung – nachhaltig und zielgerichtet jederzeit erreichen kannst.

die besten 15
Tipps & Tricks zum Ausprobieren

REGELN GEGEN STRESS

1. Konzentriere dich zu 100 Prozent auf das, was im Moment wichtig ist und du gerade tust. Versuche möglichst wenige unterschiedliche Aufgaben gleichzeitig zu erledigen. Wenn wir lesen, dann lesen wir. Wenn wir essen, dann essen wir. Wenn wir telefonieren, dann telefonieren wir.

2. Schotte dich regelmäßig von deiner Umwelt ab. Auch Freunde, Arbeitskollegen und Familie können Stress auslösen und zum Stressor werden. Gönne dir jeden Tag geplante Ruhepausen ohne E-Mail und Handy.

3. Akzeptiere, dass es keinen dauerhaften Erfolg gibt. Ohne Minus kann es kein Plus geben und wer damit umgehen kann, erlebt langfristig weniger Stress.

4. Schreibe eine Prioritätenliste, die mit den wichtigsten Punkten beginnt. Bearbeite diese Liste von oben nach unten. Du wirst mit der Zeit bemerken, dass sich die unwichtigen Dinge oft von selbst erledigen.

5. Delegiere! Lerne Aufgaben und Verantwortung an andere qualifizierte Personen abzugeben. Auch wenn du glaubst, dass du alles besser kannst: Gib anderen die Chance, Fehler zu machen, daraus zu lernen und sich zu beweisen. Und lerne vor allem auch NEIN zu sagen.

6. Gönne dir deinen „Day off". Egal, wie aufregend und stressig dein Leben auch ist, egal, wie voll dein Terminkalender ist, lerne zu entschleunigen. Gönne dir einen Tag pro Woche als Auszeit und mach, was dir Spaß macht und dir viel Kraft und Energie gibt. Je mehr Arbeit du hast, desto wichtiger ist es, trotzdem deinen „Day off" zu planen und in deine körperliche und geistige Gesundheit zu investieren.

7. Trainiere dich, in jedem Problem auch einen positiven Grund zu suchen. Wir neigen dazu, immer bevorzugt das Negative zu sehen. Ein Wechsel der Sichtweise kann hier wahre Wunder vollbringen und uns auch die positiven Seiten von Herausforderungen zeigen.

8. Nimm dich selbst und auch andere nicht immer ernst. Lerne über dich zu lachen und auch die Fehler anderer zu akzeptieren und als Teil der Persönlichkeit zu sehen. Innere Ruhe und Gelassenheit entstehen viel schneller, wenn wir lernen, auch Momente mit Humor zu betrachten.

9. Schlaf ist das Lebenselixier. Denn je weniger du schläfst, desto höher ist die Chance, dass dich Stresssituationen überlasten und du schneller überfordert und aggressiver auf Stressoren reagierst.

10. Glaube nicht alles, was du siehst und hörst! Viele von uns nehmen jede Botschaft sofort ernst und reagieren darauf. Wie beim Spiel der „stillen Post" ist der Wahrheitsgehalt einer Nachricht, die über mehrere Stationen übermittelt wurde, zumeist weit unter 80 Prozent.

11. Reagiere auf Stress, Wut und Ärger nicht sofort. Gib dir mindestens fünf bis zehn Minuten Zeit für deine Reaktion, um einen neutraleren Blick auf die Dinge zu bekommen.

12. Höre Musik, die dir gut tut und dich beruhigt. Eine Studie mit Patienten, die an Atemnot leiden, hat ergeben, dass bereits das alleinige Hören eines beruhigenden Liedes zu einer gleichmäßigen Atmung verhilft, die Herzfrequenz reduziert und zusätzlich Angstgefühle verhindert.

13. Genieße die drei L: „Leben – Lachen – Lustig sein“. Sieh dir ruhig auch ab und zu einen lustigen Film an oder genieße das Leben und lache so viel wie nur möglich. Lachen ist gesund und ein echter Stress-Killer.

14. Sport kann deine Immunität gegen Stress stärken. Wenn wir Sport betreiben, werden unter anderem die körpereigenen Glücksdrogen „Endorphine“ ausgeschüttet, die das Wohlbefinden steigern und für Entspannung sorgen. Dann verfügen wir über mehr Ressourcen für die Stressbewältigung.

15. Liebe deinen Körper so wie dein Auto! Würdest du deinem Auto das schlechteste Öl zuführen? Pflege nicht nur deine Prestige-Objekte – du selbst bist dein größtes! Gesunde Ernährung bedeutet auch viel Obst und Gemüse, Nüsse als Gehirnnahrung, wenig rotes Fleisch und zwei Liter Flüssigkeit am Tag, am besten pures Wasser!

die besten 15

Folgende Tipps zur besseren Umsetzung der Besten 15 Regeln gegen Stress kann ich dir geben:

Wähle aus der Liste die Regeln aus, die du dir am besten zur Umsetzung vorstellen kannst, und schreibe sie für dich auf eine Liste, die du immer griffbereit hast. Wenn in dir heute und in den nächsten Tagen ein negatives Stressgefühl entsteht, dann nimm die Liste und setze die Regeln Schritt für Schritt um. Um ein Gefühl für deine persönlichen Auszeitpausen zu bekommen, stoppe heute wann immer du möchtest deine Arbeit und stell dir einen Wecker auf ca. 15-20 Minuten danach. Deine Aufgabe ist es, in diesem Zeitraum einfach gar nichts zu tun. Lass die Zeit einfach vergehen und lehre dich so selbst eine kurze Pause zu machen. Am Anfang wird es dir nicht leicht fallen, in diesen 15-20 Minuten auf deine innere STOP-Taste zu drücken. So wie du sicherlich in anderen Situationen ehrgeizig bist, versuche auch hier, es als Spaß und Spiel zu sehen und mit jedem Training deine innere Ruhe zu verstärken.

STRESSMOMENT IM LIVE-TV

HORETH
Backstage-Info

Wie im letzten Kapitel ausführlich beschrieben, kann Stress dann entstehen, wenn wir einen negativen Moment wahrnehmen und keine Chance sehen, damit umgehen zu können.

Ich möchte dir ein kleines Beispiel aus meiner Arbeit geben, das zeigt, wie ich genau diesen Stressmomenten entkomme. Der konkrete Fall war eine Livesendung von „Punkt 6“ auf RTL in Deutschland, in der ich als Gast eingeladen war. Diese Sendung wird absolut live vor mehreren Millionen TV Zuschauern ausgestrahlt. Alles, was du sagst und tust, kann nicht mehr rückgängig gemacht werden.

1. Stressfaktor: Machtlosigkeit im Versagensfall

Es ging um das Thema „Mentale Beeinflussung im Alltag“ und ich sollte live auf Sendung einen Test mit den Moderatorinnen machen. Die Aufgabe bestand darin, ihnen Fotos zu zeigen, die sie einzeln kurz ansahen und die ich dann auf einer großen Leinwand nacheinander aufklebte. Jedes Foto zeigte einzeln betrachtet irgendwelche Gegenstände, Farben, Zeichen oder Personen. Diese einzelnen Bilder ergaben aber keinen bewussten Sinn und die Moderatorinnen wussten auch nicht, warum ich ihnen die Fotos zeigte. Ich demonstrierte in diesem Test, dass es möglich ist, durch gezielte mentale Beeinflussung zu bewirken, dass Menschen den Blick auf das Wesentliche vollkommen verlieren und sich – wie in diesem Fall – nur noch auf die unwichtigen Details konzentrieren können.

2. Stressfaktor: Unsicherheit, ob es funktioniert

Auf der Leinwand aufgeklebt ergaben alle Fotos zusammen auch ein durchgehendes Gesamtbild, das eines Peace-Zeichens (siehe Foto unten). Das erkannten die beiden aber nicht, da ich sie immer wieder strategisch von dieser Sichtweise wegbrachte. Durch meine geschickte Lenkung auf die einzelnen Fotos und die emotionale Einbindung der Moderatorinnen gelang es mir, ihnen diesen Gesamtblick in ihrem Unterbewusstsein nicht zu erlauben. Sie selbst wurden immer nervöser, weil ihnen nicht bewusst war, warum ich das alles machte, sie es nicht abbrechen konnten – und die Sendezeit lief und lief.

3. Stressfaktor: Dauerhafte Anpassung an die Situation

Ich musste in Sekundenschnelle Blicke und Aussagen der Damen interpretieren und darauf geschickt und mit Bedacht reagieren, damit dieses Experiment funktionieren konnte. Je unruhiger die Moderatorinnen wurden, je mehr sie sich innerlich Fragen zu stellen begannen, sich gegenseitig ansahen und einfach nicht mehr weiter wussten, desto mehr kamen sie persönlich auch in eine Stresssituation. Das war mein geplantes Ziel, denn sobald sie begannen, sich mehr mit sich selbst als mit den Bildern beziehungsweise dem Bild zu beschäftigen, desto mehr entfernten Sie sich vom Ziel. Das Peace-Zeichen befand sich minutenlang vor ihrer Nase und sie konnten es nicht erkennen. Das ist eine ähnliche Situation, wie wenn du etwas dringend suchst und es nicht finden kannst, obwohl es eigentlich direkt vor deiner Nase liegt.

Durch ein mentales Blitz-Entspannungssystem bewegte ich dann eine der Frauen dazu, ihre Augen zu schließen und sich für einen kurzen Moment zu entspannen. Sobald sie die Augen wenige Sekunden später wieder aufmachte, erkannte sie sofort mit breitem Aha-Lächeln das Peace-Symbol und die damit verbundene Botschaft.

Stress verursachte also einerseits meine mentale Technik, die Moderatorinnen zu verwirren und vom Wesentlichen abzubringen. Andererseits musste ich selbst durch aktive innere Ruhe und Gelassenheitstechniken meine drei bereits erwähnten Stressfaktoren ausblenden, damit ich mich auf die beiden so intensiv wie möglich einlassen konnte und nicht mit mir selbst beschäftigt zu sein hatte.

Die Technik hat erfolgreich funktioniert und es gab einen wunderbaren Wow-Moment im Fernsehen vor Millionen Zuschauern.

RTL „Punk 6“ und die mentale Beeinflussung durch Stress

3. BEDIENUNGSANLEITUNG RELAXFORMEL

DAS GEHEIMNIS DER AUFSTEIGENDEN ENTSPANNUNGSKURVE

Herbert K. ist Geschäftsführer eines internationalen Telekommunikationskonzerns, er ist leidenschaftlich, ehrgeizig und sehr erfolgreich. Jeden Tag beschäftigt ihn eine neue Herausforderung, der Erfolg wird am Umsatz seines Teams gemessen und am Ende des Jahres gibt es großes Schulterklopfen der Aktionäre oder eine Krisensitzung zu Veränderungsplänen. Im Tagesgeschäft erlebt Herbert K. Höhen und Tiefen und versucht letztere so gut als möglich zu meistern, um am Ende ein solides Ergebnis einzufahren.

So wie er gehen viele Menschen durchs Leben. Im Laufe ihrer Jahre erleben sie Positives und auch Negatives. Positives gibt ein entspanntes, zufriedenes Gefühl – Negatives aber erzeugt Stress und Unzufriedenheit. Würde man jeden Tag die Höhen und Tiefen in eine Skala eintragen und die Daten auf einer Zeitkurve darstellen, würde dies einen ähnlichen Ausschlag nach oben und unten ergeben. Es entsteht eine Wellenkurve, die sich gleichmäßig auf und ab bewegt. Die meisten Menschen bewegen sich auch immer in diesem Level und verbessern ihre Entspannungsfähigkeit nicht.

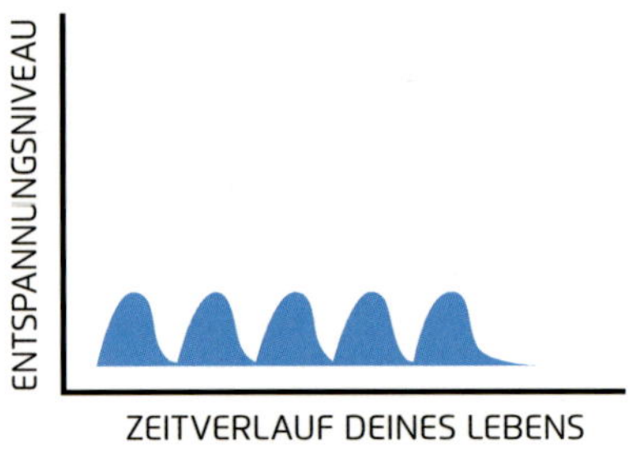

Das Geheimnis der Relaxformel besteht darin, dass wir keine Entspannungskurve haben, die sich ständig gleichmäßig zwischen den beiden maximalen Ausschlagpunkten bewegt, sondern eine, die mit der Zeit in der Gesamtheit immer mehr nach oben ansteigt. Diese sich nach oben bewegende Kurve wird aufsteigende Entspannungskurve genannt.

Es ist zwar schön und gut, sich nach Stressmomenten auch immer wieder zu entspannen, aber das Ziel ist, das Entspannungsniveau zu heben. Damit meine ich die Fähigkeit zur Entspannung zu vertiefen, das Entspannungsgefühl schneller zu erreichen, die Qualität des Entspannungsmomentes zu verbessern und die regelmäßigen Entspannungspausen nachhaltiger in das Leben zu integrieren.

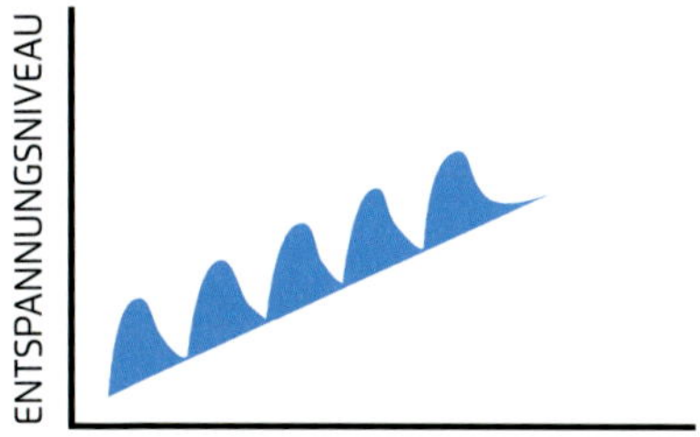

Wie erreicht man nun diese aufsteigende Entspannungskurve? Hier kann ich dir eine gute Nachricht überbringen: Du bist schon voll dabei, in die wirkungsvolle Richtung zu gehen! Je öfter man sich in kurzen Momenten am Tag der Entspannung widmet und je mehr Freude und Gelassenheit man am Tag dadurch erlebt, desto schneller und stärker steigt die Entspannungskurve auch an. Wenn man sein Leben entspannter und mental stärker sowie gesünder verbringen möchte und dadurch erfolgreicher im Beruf und im Privatleben sein will, muss man dieses Wissen einfach anwenden!

DER WEG ZUR RELAXFORMEL

Gratulation! Du hast bis jetzt alles richtig gemacht. Du hast vor einiger Zeit erkannt, dass Entspannung ein für dich wichtiges Thema im Leben ist. Du bist den Schritt gegangen, dir eine Lösung zu suchen, wie noch mehr Entspannung und Gelassenheit in dein Leben kommen kann. Und du hast in meiner Relaxformel eine Chance gesehen, deinen Weg auch umzusetzen – und hast begonnen, in diesem Buch zu lesen. Obwohl du bis jetzt vielleicht noch gar nicht richtig weißt, wie denn die Formel genau lautet, wie sie entwickelt wurde und vor allem, was du zu tun hast, damit sie bei dir wirkt, hast du mir dein Vertrauen geschenkt. Vielen Dank dafür!

Du hast dich nun bis jetzt über das informiert, was reduziert werden soll, nämlich der negative Stress. Du weißt jetzt Bescheid, wie und wo er entsteht, was er auslösen kann, wie er auf unsere Gesundheit und unser Leben wirkt und wie man beginnen kann, gegen ihn zu arbeiten.

Wir kennen nun unseren Feind sehr gut, haben ihn beobachtet und analysiert und wollen ihn nun erobern und bezwingen. Hier ist die Formel, die mit Sicherheit dein Leben positiv verändern wird.

DIE RELAXFORMEL LAUTET: E=T+B+M

Die Relaxformel setzt sich aus mehreren Bausteinen zusammen, die gemeinsam angewendet den mächtigen und langfristigen Entspannungs-Effekt ergeben.

ICH SCHREIBE DAS JETZT EXTRA FETT UND IN GROSSBUCHSTABEN, DENN WAS ICH DIR AUF DEN NÄCHSTEN SEITEN ZEIGEN WERDE, MUSST DU VERSTEHEN, BEVOR DU DANN IN DIE NÄCHSTEN KAPITEL GEHST, SONST FUNKTIONIERT DIE RELAXFORMEL NICHT. ALSO, FALLS DU DIE NÄCHSTEN SEITEN NICHT ZU 100% VERSTANDEN HAST, DANN LIES SIE EINFACH NOCHMAL. AUSSERDEM FINDEST DU AUCH AUF WWW.HORETH-INSTITUT.AT EINE VIDEOERKLÄRUNG VON MIR ZUR BESSEREN UMSETZUNG. DAS VIDEO ANZUSEHEN LEGE ICH DIR SEHR ANS HERZ, DA ICH HIER DAS SYSTEM DER RELAXFORMEL SEHR VERSTÄNDLICH UND KOMPAKT FÜR DICH ERKLÄRE.

Beginnen wir nun in der Relaxformel E=T+B+M mit dem Ergebnis, dem „E". Das „E" steht in der Relaxformel für ENTSPANNUNG. Dieser Zustand, den wir erreichen wollen, fühlt sich an wie Entspanntheit, Gelassenheit, innere Ruhe, Glück und Zufriedenheit. Im nächsten Kapitel wirst du alles über das „E" lesen und was für diesen Zustand wirklich wichtig ist: Du wirst die neuesten wissenschaftlichen Erkenntnisse darüber kennenlernen, was Entspannung im Leben bedeutet, wie dein Geist und dein Körper auf Entspannung reagieren, wie Entspannung mit Heilung, Jugend, Glück, Schlafqualität, Erfolg und Empathie zusammenhängt und wie du durch Entspannung deine Widerstandskraft um ein Vielfaches stärken kannst. Im Kapitel Entspannung soll deine Sehnsucht nach diesem Gefühl noch mehr aktiviert werden, damit du beginnst, die Relaxformel sofort in dein tägliches Leben zu integrieren. Ja richtig, natürlich möchte ich dir das frisch gekochte, köstlich duftende Essen vor die Nase halten, damit du den größtmöglichen Hunger bekommst und nicht mehr aufgibst, bevor das Essen am Tisch steht und allein für dich ist.

Das „T“ in der Relaxformel steht für TECHNIKEN. Mentale Entspannungstechniken, die einen Entspannungszustand in dir bewirken. Je nach persönlichen Vorlieben, welcher Entspannungstyp du bist und wie du am besten darauf reagierst, habe ich für dich einen großen Pool an unterschiedlichsten Techniken erstellt. Das Kapitel T, Entspannungstechniken, bringt den ersten Schritt der Relaxformel, mit dem du beginnst, dir eine oder auch mehrere Techniken anzueignen. Imaginationsmethoden, Atemtechniken, Feedbackverfahren, Kreativtechniken oder auch Suggestive Methoden sind ausführlich beschrieben, ihre Wirkungen werden erklärt und verständliche Anleitungen dazu angeführt. Das „T“ steht also für die Grundlagen, um durch eine aktive Methode zu entspannen.

Normalerweise wäre es das dann im Standard-Mentaltraining schon gewesen, verbunden mit der Hoffnung auf den eventuell eintretenden Erfolg. In der Relaxformel ist das aber nur der erste Schritt. Hast du deine Entspannungstechnik gefunden, die dir Spaß macht, folgt Schritt zwei. Es folgt das „B“ für BRANDING. Alles was wir fühlen, erleben und genießen, ist auch meistens genau so schnell, wie es gekommen ist, wieder vorbei. Im Kapitel Branding als zweites Element der Formel lernst du die für dich besten Methoden kennen, wie du Gefühle zur Entspannung stärker, länger und schneller abspeichern kannst und sie auch jederzeit wieder abrufen kannst. Alles, was wir erleben, können wir durch wirkungsvolle Techniken noch intensiver erleben und uns so länger daran erinnern. Einfach gesagt, wenn du durch eine Entspannungstechnik entspannt bist, dann ist das nur für den Moment. Wieso nützt du diesen Moment nicht nur für die aktuelle Entspannung, sondern auch für eine Art Zusatztraining, um diesen Zustand länger aufrecht zu erhalten und ihn jederzeit wieder spüren zu können, ohne die Entspannungstechnik anwenden zu müssen.

In meinem Bestseller Buch „Das Horeth-Prinzip“ beschreibe ich ein solches Prinzip, mit dem du Emotionen wie Selbstvertrauen, Mut, Ehrgeiz, Freude und viele mehr abspeichern, verankern und wieder abrufen kannst. Ich habe dieses Prinzip erweitert und an die Relaxformel angepasst, sodass du hier eine gute Auswahl an Anker-Techniken kennenlernst, die dir dabei helfen, das Entspannungsgefühl nicht nur zu erleben, sondern auch abzuspeichern.

Das „M“ in der Relaxformel E=T+B+M steht für MENTALES ABLAUF-TRAINING.

Um Entspannung zu spüren (T) und sie zu speichern (B), ist es im dritten Schritt notwendig, das Abrufen der Entspannung auch mental zu trainieren (M). Warum sollten nur Spitzensportler mentale Abläufe trainieren und damit große Erfolge feiern. In meinem Institut für mentale Kompetenz im Bereich Spitzensport und Business trainieren und lehren wir genau diese Fähigkeit: Sich mental Momente vorzustellen und dann in diesen Momenten auch zu bestehen. Ich verrate dir im Kapitel Mentales Ablauftraining, wie wir mit unseren Sportstars arbeiten und wie sie damit Rekorde brechen und Erfolge feiern. Dazu zeige ich dir dann die für dich geeigneten Möglichkeiten, diese mentale Technik aus dem Profibereich ganz einfach selbst anzuwenden und das Abrufen der Entspannung zu trainieren.

Folgt nach T auch B und M, dann wirst du damit dein persönliches Entspannungswunder vollbringen. Du wirst damit langfristig entspannen können und dich auch in schwierigen Momenten in kürzester Zeit in einen entspannten Zustand versetzen können.

Der hier abgebildete Kreislauf der Relaxformel ist in sich schlüssig, von den einzelnen Modulen abhängig, in gegenseitiger Wechselwirkung und in der Gesamtheit unschlagbar. Legen wir jetzt los, deinen Relax-Kreislauf in Gang und dein Wissen dazu auf den bestmöglichen Stand zu bringen. Der Kreislauf muss fließen und sich wie von selbst in dein Leben integrieren.

4. MODUL E...
ENTSPANNUNG

DAS WUNDER DER ENTSPANNUNG

Das Wort Entspannung bedeutet Befreiung und Beendigung von Anstrengung. Entspannen zu können ist ein wichtiger Bestandteil unseres Lebens. Entspannung bedeutet innere Ruhe, Gelassenheit nach einem anstrengenden Tag und das tiefe, harmonische Gefühl der Zufriedenheit, des Wohlbefindens und der Ausgeglichenheit. Entspannung ist ein körperlich und geistig spürbarer und messbarer Zustand, der als Gegenpol zur Anspannung gilt. Körperlich gesehen führt eine Entspannungsreaktion dazu, dass Muskeltonus, Hirnaktivität, Herzfrequenz und Blutdruck sinken und die Atmung dadurch verlangsamt wird. Emotional zeigt sich die Entspannungsreaktion als angenehm empfundenes Gefühl mit geringer Intensität.

So reagiert dein Körper auf Entspannung:

- Bei Entspannung findet in dir eine Deaktivierung bestimmter körperlicher Funktionen statt. Das vegetative Nervensystem schaltet auf Erholung und Regeneration um. Dadurch wird die Aktivität des Sympathicus, das ist unser Leistungsbringer, reduziert und die Aktivität des Parasympathicus, der für deine Erholung sorgt, gesteigert. Die Ausschüttung von Stresshormonen wird gestoppt.
- Die Kampf-Flucht-Reaktion, die bei Stress ausgelöst wird, wird nun nicht mehr gebraucht und dein Körper kann zur Ruhe kommen.
- Beobachtbare und messbare Fakten für einen entspannten Zustand in dir sind auch eine weiche und lockere Muskulatur, gleichmäßiger und langsamer Pulsschlag, ruhige flache Atmung, Wärmegefühl durch Gefäßerweiterung sowie eine angeregte Verdauung.

So reagiert deine Psyche auf Entspannung:

- Negative Gedanken verschwinden und ein entspannter Wachzustand wird in dir hergestellt. Dein Gehirn produziert vorwiegend Alpha-Wellen in einem speziellen Frequenzbereich.
- Die Aufmerksamkeit wird nach innen gelenkt. Du spürst deinen Körper und seine Bedürfnisse.
- Ein Gefühl von innerer Zufriedenheit und Gelassenheit macht sich in dir breit.
- Durch das persönlich wahrgenommene Wohlbefinden steigern sich in dir Selbstvertrauen und Selbstkompetenz.
- Du wirst widerstandsfähiger gegen Stress und die Belastbarkeit nimmt zu.

So reagierst du auf Mitmenschen durch Entspannung:

- Dein Verhalten wird ruhiger und gelassener. An die Stelle von Reizbarkeit, Hektik und Aggressivität tritt ein positiverer Umgang mit deinen Mitmenschen.
- Du wirst empathischer und mitfühlender für die Sorgen anderer.
- Stressbezogenes ungesundes Verhalten wie übermäßiger Alkohol- oder Koffein-Konsum nimmt bei dir ab.

Das sagen die neuesten Forschungserkenntnisse über Entspannung:

- Entspannung fördert bei dir innere Ruhe und Wohlbefinden
- Entspannung verändert deine Gedanken und Emotionen positiv
- Entspannung verbessert deine eigene Körperwahrnehmung
- Entspannung erhöht deine Konzentration und Leistungsfähigkeit
- Entspannung steigert deine emotionale Stabilität
- Entspannung erhält die Gesundheit und das Wohlbefinden

Die Entspannungsreaktion entfernt und bereinigt also, was die Stressreaktion angerichtet hat. Sie bringt unseren Körper zurück in die Balance und in friedliche Stimmung. Entspannung erhöht unsere Energie, verbessert Problemlösungs-Fähigkeiten und kurbelt Motivation und Produktivität an.

Genauso wie Stress unserem Immunsystem schadet, wirkt sich Entspannung positiv auf unsere Gesundheit und unseren Körper aus. Nicht nur die bereits beschriebenen körperlichen Reaktionen auf Entspannung können unser Immunsystem stärken, auch das subjektive Wohlbefinden und die Psyche haben darauf Einfluss. Zusammenfassend kann Entspannung folgende Reaktionen hervorbringen:

- Puls, Blutdruck: Senkung
- Muskulatur: Entspannung
- Immunsystem: Stärkung
- Atmung: Verlangsamung
- Magen, Darm, Niere, Blase: Funktion angeregt, harmonisiert
- Emotionale Ebene: Ruhe, ausgeglichen, optimistisch, fröhlich, zufrieden
- Kognitive Ebene : Aktivierung beider Hirnhälften, erhöhte Konzentration

ENTSPANNUNG WIRKT

Professor **PSYCHO**
NEUES AUS DER FORSCHUNG

ENTSPANNUNG HEILT!

In einer unglaublichen Studie analysierten Forscher die Fähigkeit des menschlichen Immunsystems, kleine Hautwunden zu heilen. Das Forscherteam unter Janet Kiecolt-Glaser fügte 13 Pflegepersonen von Alzheimer-Patienten und 13 entspannten Menschen kleine Hautwunden zu. Im Durchschnitt benötigten die Wunden bei den Pflegern, die unter chronischem Stress aufgrund ihres Berufes standen, neun Tage länger, um zu verheilen. Durch den Mangel an Entspannung und Regeneration fehlten diesen Probanden die nötigen Substanzen, die für die Wundheilung notwendig sind.

ENTSPANNUNG UND DAS GLÜCK

Durch Entspannung wird die Stimmung gelassener und die Umwelt als positiver bewertet. Das wirkt sich auf der Verhaltensebene kreativitätsfördernd aus.

Amerikanische Wissenschaftler haben nachgewiesen, dass ein Teil des Großhirnes links hinter der Stirn bei Personen, die regelmäßig meditieren, deutlich aktiver ist als bei solchen, die nicht meditieren. Diese bestimmte Hirnaktivität signalisiert eine positive Grundstimmung. Schon nach acht Wochen Entspannungstraining war eine Veränderung im Gehirn nachweisbar. Durch regelmäßige Entspannung kann man also lernen, die Umwelt positiver wahrzunehmen und gelassener und glücklicher zu sein. Eigenschaften von Glück als aktuelles Glückserleben sind:

- Extrem positive Emotion, größte Freude, Begeisterung, Entzücken, Euphorie
- Höhere Sensibilität, Wachheit, Bewusstheit, Schärfung und Öffnung der Sinne
- Positive Sicht, positive Wahrnehmung und Erinnerung
- Verstärktes Werteerleben wie Schönheit, Einklang, Harmonie, Frieden, Einheit, Tiefe, Freiheit und Unendlichkeit
- Gesteigertes Selbstwertgefühl und Selbstzufriedenheit
- Aufgeschlossenheit, Zugänglichkeit und Freundlichkeit
- Spontanität, schnelle Entschlossenheit, Flexibilität
- Produktivität, schöpferische Kraft, Kreativität

ENTSPANNUNG UND DER ERFOLG

Ausgewogene Ruhe- und Entspannungsphasen bewirken eine deutliche Leistungssteigerung und verbessern die Konzentrationsfähigkeit. Wer sich im Job besser konzentrieren und länger seine Höchstleistung erbringen kann, wird erfolgreicher sein als jemand ohne diese Qualitäten. Erfolgreicher im Job bedeutet in der Folge auch finanziell erfolgreicher, was wieder positive Gefühle und Entspannung bedeutet. Die Dynamik dieses positiven Kreislaufs zeigt uns, dass wir bewusst entspannen müssen, um für erfolgreiche Tätigkeiten auch immer wieder anspannen zu können.

In einer Studie der George Mason Universität fand man heraus, dass Studenten, die sich vor der Prüfung mithilfe von Meditationstechniken entspannten, in einem anschließenden Test bessere Leistungen erzielten als Personen, die sich davor nicht in einen Ruhezustand versetzten. Speziell Studienanfänger, die noch Probleme mit der Konzentration und Aufmerksamkeit hatten, profitierten besonders vom Entspannungstraining.

ENTSPANNUNG UND DER SPITZENSPORT

Bei uns im Horeth Institut erstellen wir individuelle mentale Trainingsprogramme für Spitzensportler. Wir entwickelten dafür eine neue Herangehensweise an das Thema, die Spaß macht und höchst effektiv auf Emotionen im Wettkampf wirkt. So sind wir zu einem der qualitätsvollsten Anbieter in diesem Segment geworden. In den letzten Jahren sind viele bekannte Gesichter bei uns ein- und ausgegangen, um ihrem mentalen Training wieder eine moderne, frische und gewinnbringende Seite zu geben. Egal ob Slalomweltmeister, Snowboard-Weltcupsiegerinnen, Fußball-Nationalspieler, Golfprofis oder Bundesligatrainer: Die meisten sind auf der Suche nach einem perfekt passenden Entspannungstool.

Das mentale Training ist bei der extremen Leistungsdichte im Sport in Wirklichkeit die letzte Möglichkeit, sich von den Konkurrenten abzuheben. Deshalb möchten viele unserer Spitzenathleten, die ihr Vertrauen in uns setzen, nicht preisgeben, welche Programme wir für sie entwickeln – und wir akzeptieren selbstverständlich diese Entscheidung.

Eines ist aber klar: Entspannung durch mentales Training ist bei fast jedem unserer Sportler am Plan, damit er in stressigen Situationen weiß, wie er durch die Fähigkeit zu entspannen schnell wieder auf den für ihn besten Wettkampflevel kommt. Unsicherheit, Nervosität, Versagensangst, Wettkampfdruck und selbstauferlegte Erfolgsversprechen bringen den Sportler immer wieder an die Grenzen seiner Fähigkeiten, und hier ist die

Entspannung im richtigen Moment eine sehr große Hilfe. Möchtest du ein paar Sportler, die wir betreuen, kennenlernen? Dann schau einfach auf www.horeth-institut.at.

ENTSPANNUNG UND EMPATHIE

Empathie bezeichnet die Fähigkeit und Bereitschaft, Gedanken, Emotionen, Motive und Persönlichkeitsmerkmale einer anderen Person zu erkennen und zu verstehen. Zur Empathie gehört auch die Reaktion auf die Gefühle anderer wie zum Beispiel Mitleid, Trauer, Schmerz oder Hilfsimpuls. Grundlage der Empathie ist die Selbstwahrnehmung; je offener wir für unsere eigenen Emotionen sind, desto besser können wir die Gefühle anderer deuten.

„Nicht Worte sollen wir lesen, sondern den Menschen, den wir hinter den Worten fühlen.“

Samuel Butler

Wer kennt nicht das Phänomen, dass der Anblick eines gähnenden Menschen auch bei uns selbst sofort spontanes Gähnen auslöst? Wer hat sich beim Füttern eines Babys noch nicht dabei ertappt, den eigenen Mund einladend weit zu öffnen, um dem kleinen Erdenbürger zur Nachahmung zu bewegen, damit er den Weg für die Trinkflasche frei macht? Solche und ähnliche Phänomene sind heute biologisch erklärbar. Ihre körperliche Grundlage sind sogenannte Spiegelnervenzellen, die sich in unserem Gehirn befinden und unter sehr unterschiedlichen Umständen aktiv werden:

1. Wenn ein Mensch selbst in einer bestimmten Weise handelt.
2. Wenn der Betreffende beobachtet, wie ein anderer die gleiche Handlung vornimmt.
3. Wenn sich der Betreffende die Ausführung dieser Handlung nur vorstellt.

Diesen vielfältigen Fähigkeiten verdanken wir es, dass wir uns in andere intuitiv einfühlen können und dass wir mitfühlend handeln können. Wie ihr Name schon sagt, spiegeln Nervenzellen die beobachtete Handlung in einer Weise, die das Gesehene in unserem Nervensystem nachspielt, so als führten wir die Handlung selbst aus. Das erklärt beispielsweise, warum wir zusammenzucken, wenn wir sehen, dass einem anderen etwas auf den

Kopf fällt. Wir verhalten uns, als seien wir selbst betroffen. Es geht also bei Empathie nicht darum, Gedanken, Nachrichten und Emotionen eines anderen Menschen aus der eigenen Sichtweise heraus zu interpretieren, sondern zu verstehen, was den anderen aus dessen Sichtweise zu einem bestimmten Handeln bewegt.

Empathische Menschen haben die Gabe, die momentanen Emotionen ihres Gegenübers nachfühlen zu können, während sie gleichzeitig mögliche Gründe für diese Empfindungen spüren und fühlen können. In meinem ersten Bestseller „Wir sind alle Mentalisten - Das Geheimnis der 5 Sinne" findest du noch einiges mehr zu diesem spannenden Thema. Wenn wir im Stress sind, dann sind wir oft so mit uns selbst beschäftigt, dass wir die Botschaften und Signale unserer Mitmenschen wenig bis gar nicht wahrnehmen. Unser Ziel bei Stress ist es, diesen wieder abzubauen und das verlangt von uns volle Energie und den Fokus auf sich selbst. Je entspannter wir sind, umso mehr können wir unsere Sinne verwenden, um andere zu beobachten. Dadurch spüren wir, wie es unserem Gegenüber geht und können uns in andere einfühlen.

Entspannung ist also ein wichtiger Faktor für empathisches Handeln.

Empathie ist nicht nur ein sehr positives Charaktermerkmal von uns Menschen, sondern durchaus erweiterbar und trainierbar. Es gibt sozusagen einige „natürliche" Schritte, die man auf dem Weg zur besseren Empathiefähigkeit beherzigen sollte.

Folgendes Mentaltraining kann dir dabei sehr gut helfen:

MENTALES EMPATHIETRAINING

HORETH Mentaltraining

Schritt 1: Vergiss dich selbst!

Um bereit zu sein, dich auf die Gefühle anderer Menschen einzustellen, ist es wichtig, dass du dich selbst als Persönlichkeit in den Hintergrund rückst und dich für einen Moment nicht mehr wichtig nimmst.

Schritt 2: Zeige aktive Anteilnahme!

Wenn dein Gegenüber dir im Gespräch Details anvertraut, zeige Interesse und höre aktiv zu. Richte deine volle Aufmerksamkeit auf diese Person: Körperliche Nähe, Zustimmung, Blickkontakt und volle Konzentration werden dich unterstützen.

Schritt 3: Wiederhole!

Um Informationen deines Gegenübers nicht falsch zu interpretieren, wiederhole das Gesagte mit deinen eigenen Worten und beginne deine Formulierung am besten mit: „Sie sagen dass,...". Am Ende des Gespräches wiederhole nicht das Gesagte, sondern die Gesamtbotschaft des Erzählten. Deine ersten Worte könnten lauten: „ Wenn ich Sie richtig verstanden habe, dann...".

Schritt 4: Sprich deine Gefühle an!

Wichtig in der Empathie ist nicht wie du das Erzählte verstehst, sondern wie dein Gegenüber den Sachverhalt sieht. Versuche aus dem Erzählten nun nicht den Inhalt aus den Worten selbst zu lesen, sondern aus der Art und Weise, wie die Worte erzählt wurden.

Lies die Emotionen zwischen den Buchstaben des Gesagten und sprich die Emotionen konkret an, die du spürst.

Vermeide eigene Meinungen, denn sonst verwandelt sich das einfühlende Gespräch in eine Diskussion.

Die Wirksamkeit von Entspannung auf die Empathiefähigkeit des Menschen wurde vor kurzem auch in den USA bewiesen.

Eine aktuelle Studie der Emory Universität konnte belegen, dass die Teilnahme an einem Entspannungstraining die Empathie stärkt. Die Entspannungsmeditation basierte auf einer alten Technik, die aus dem tibetischen Buddhismus stammt. An der Studie nahmen 13 gesunde Versuchspersonen, alle ohne vorherige Meditationserfahrung, teil. Eine Gruppe führte die Meditation durch, während die anderen Personen an einer Diskussion über Gesundheit teilnahmen. Die Meditationsgruppe konnte ihre Fähigkeit zum Mitfühlen um fast 5 Prozent steigern, wobei hingegen die zweite Kontrollgruppe keinerlei Verbesserung der empathischen Fähigkeiten zeigte. Als Beweis wurde die Empathieskala mittels Fragebögen und Gehirnscans gemessen.

Folgende Übung kannst du bei dir zuhause durchführen, am besten eignet sich dafür jedoch ein Platz in der Natur. Wenn du das nächste Mal in der freien Natur bist, nimm dir ein paar Minuten Zeit, um diese Übung zu versuchen.

Das Ziel dieser Übung ist es, die Umgebung und die darin vorkommenden Reize bewusst wahrzunehmen und in Beziehung zu den eigenen Gefühlen zu setzen.

MENTALE BEOBACHTUNG DER SINNE

HORETH
Mentalübung

Teil I

Setze dich hin und entspanne dich. Lass deinen Sinnen freien Lauf und achte bewusst auf die Dinge, die du wahrnimmst. Fällt dir etwas auf? Nimmst du mit einem deiner Sinne besonders viel auf und mit anderen Sinnen weniger?

Teil II

Im zweiten Teil der Übung wähle einen deiner Sinne (Sehsinn, Gehörsinn, Tastsinn, Geruchssinn oder Geschmackssinn) und konzentriere dich auf die Reize, die beim gewählten Wahrnehmungskanal auf dich einfließen. Achte nun zusätzlich auf das Gefühl, das in dir entsteht, sobald du die Reize bewusst wahrnimmst.

Die nachstehenden Fragen sollen dir helfen, einen anderen Zugang zu finden:

Kennst du das Gefühl? Wenn ja, woher?
Kannst du die Gefühle bereits kategorisieren?
Lösen bestimmte Reize auch bestimmte Gefühle in dir aus?
Gibt es Gefühle, die du sehr gut beschreiben kannst, oder kannst du einige wiederum gar nicht beschreiben?

ENTSPANNUNG UND DER SCHLAF

Gut schlafen und gesund, frisch und erholt wieder aufwachen – das sollte für jeden von uns die Normalität sein. Ist es aber leider nicht!

Schlafstörungen sind sehr lästig, anstrengend und manchmal sogar wirklich gefährlich. Im Zweiten Weltkrieg und auch später wurde mit Schlafentzug als Folterinstrument experimentiert. Das erwies sich als besonders effektiv dabei, einen Menschen zu brechen, denn nach sieben Tagen ohne Schlaf wurden die meisten Opfer wahnsinnig. – Nach einem hektischen, stressigen Tag gelingt es vielen Menschen nicht einzuschlafen und sich zu erholen. Obwohl der Körper müde ist, kann er aufgrund von Unruhe und immer wiederkehrenden Gedanken einfach nicht abschalten. Das Einschlafen sowie das Durchschlafen können dadurch maßgeblich gestört werden. Mithilfe gezielter Entspannung können Körper und Geist zur Ruhe kommen und somit zu einem besseren und erholsameren Schlaf verhelfen.

„Dass wir nicht kränken oder verrückt werden, verdanken wir allein der seligsten Gabe der Natur: dem Schlaf.“

Aldous Huxley

die besten 10
Tipps & Tricks zum Ausprobieren

REGELN FÜR EINEN GESUNDEN SCHLAF:

1. Schlafhygiene: Manchmal sind es ganz einfache Dinge, die den Schlaf stören, wie Helligkeit oder Lärm. Kontrolliere dein Schlafambiente, ob hier Störfaktoren zu finden sind. Wo steht der Fernseher? Wie viel Ruhe herrscht im Schlafzimmer? Kannst du das Zimmer genügend abdunkeln?

2. Schlafpensum: Finde heraus, wie viel Schlaf für dich am besten ist. Für den einen reichen schon sechs Stunden, der andere braucht acht Stunden, um sich richtig ausgeschlafen zu fühlen. Schlafe nicht länger als nötig, denn zu lange schlafen kann eher schaden als nützen.

3. Gedankenruhe: Gehe auf keinen Fall mit ungelösten Konflikten ins Bett. Man nimmt die Gedanken an unerledigte Aufgaben oder ungelöste Probleme gerne mit ins Bett, muss weiter daran denken und bleibt dadurch wach. Versuche vor dem Zubettgehen gedanklich deine Konflikte zu lösen und, falls dies nicht möglich ist, sie gedanklich auch in einen Raum zu sperren, den du zusperren kannst und aus dem du sie am nächsten Tag erst wieder rausholst.

4. Ernährung: Am besten verzichtest du vor dem Schlafengehen auf anregende Getränke oder Alkohol. Alkohol macht zwar schläfrig, stört aber trotzdem den Schlaf. Kaffee und Nikotin halten dich wach und sollten deshalb abends reduziert werden. Keine schweren Mahlzeiten am Abend! Damit verhinderst du Verdauungsbeschwerden, die den Schlaf erheblich beeinträchtigen können.

5. Gewohnheit: Zur Einstimmung auf die Schlafenszeit sind immer wiederkehrende Abläufe sinnvoll. Mach zum Beispiel einen regelmäßigen Abendspaziergang, einige Entspannungsübungen oder

lies einfach ein Buch zur Entspannung. Regelmäßig zur gleichen Zeit ins Bett zu gehen bringt einen bestimmten Schlafrhythmus, der sich auf die Schlafqualität positiv auswirkt.

6. Körperliche Aktivität: Sport ist gut, um Stress abzubauen, aber zu anstrengender Sport vor dem Schlafengehen kann ein Muntermacher sein. Deshalb Sport nicht unbedingt in den späten Abendstunden betreiben.

7. Kein Kampf: Schlaf lässt sich nicht erzwingen. Eigentlich ist das Gegenteil der Fall, denn sich verbissen anzustrengen, endlich einzuschlafen, vertreibt den Schlaf erst recht. Am besten nochmal das Bett verlassen und sich mit angenehmen Dingen beschäftigen, bis die Augen müde werden.

8. Der Kuschelfaktor: Ein wohliges, angenehmes, tiefes Einsinken in das Bett erhöht die Schlafbereitschaft. Alles, was im Schlafzimmer ein wohliges Gefühl bei dir auslöst, kann hier förderlich sein. Weiche Bettwäsche, eine angenehme Dusche oder ein warmes Bad vor dem Schlafengehen, warmer Schlaftee, ein kuscheliger Polster u.v.m. – deiner Wohlfühlfantasie sind keine Grenzen gesetzt.

9. Der Fernsehschlaf: Schlafe am besten nicht vor dem Fernseher ein. Viele Informationen, die wir via Fernsehen erhalten, haben negativen Charakter. Wenn du diese Informationen im Halbschlaf oder sogar im Schlaf unbewusst aufnimmst, prägen sie sich tiefer ein, als es gut für dich ist. Die Gedanken und Informationen, die du beim Einschlafen wahrnimmst, werden sich tief in dir verankern und beeinflussen deine Schlafqualität.

10. Das Mondverhalten: Wissenschaftler haben es jetzt bestätigt – infolge seiner eigenen inneren Uhr reagiert der menschliche Körper auf den sich verändernden geophysikalischen Rhythmus der Mondzyklen. Der Körper des Menschen produziert bei Vollmond weniger Schlafhormone. Mit diesem Wissen kann du dich individuell noch besser auf Vollmondnächte vorbereiten und bewusst Aktivitäten starten, die dich noch müder machen, um dem Vollmond entgegen zu wirken.

Wer länger als sechs Wochen Schlafprobleme bei sich beobachtet, diese nicht in den Griff bekommt, meistens länger als 15 Minuten zum Einschlafen braucht oder nachts öfter aufwacht, sollte unbedingt ärztliche Hilfe in Anspruch nehmen.

— TOPSECRET

DIE ENTDECKUNG DER SCHLAFSPINDELN

Der menschliche Schlaf besteht, vereinfacht gesagt, aus vier Schlafstadien, die mithilfe des EEG, eines Geräts zur Messung der Gehirnströme, erkennbar sind. Diese Zeitperioden werden in die Schlafstadien 1 bis 3 und den REM-Schlaf unterteilt. Spezielle Wellen der Gehirntätigkeit während des Schlafes sind die sogenannten Schlafspindeln. Schlafspindeln treten in kurzen Wellenstößen in den Frequenzen 12 bis 14 Hertz auf. Diese können 1- bis 5-mal pro Minute während der Schlafstadien zwei und drei vorkommen. Die Schlafspindeln werden immer wieder als der Schlüssel zu einem tiefen, festen Schlaf gesehen. Eine amerikanische Studie zeigte, dass Personen mit einer größeren Frequenz dieser Spindeln tiefer schliefen. Die Studie kam zu dem Ergebnis, dass jene Personen, die mehr Schlafspindeln produzierten, bei Nebengeräuschen besser schlafen konnten als die anderen. Die Daten der Studie führten zur Erkenntnis, dass diese Spindeln die Funktion des Gehirns zur Ablenkung von Geräuschen während des Schlafes sein können.

Weitere Studien haben gezeigt, dass Schlafspindeln eine Art Mechanismus sind, die den Schlaf absichern und verbessern. Der Schlaf älterer Personen ist durch weniger Schlafspindeln gekennzeichnet und oft von häufigem Aufwachen begleitet.

Seit Neuestem gibt es spannende Hinweise darauf, dass ein Training der Gehirnfrequenzen im gleichen Frequenzband wie dem der Schlafspindeln effizient helfen kann, die Schlafqualität zu verbessern. Trainiert man also diese Frequenzen, kann es dazu führen, dass sich die Anzahl der Schlafspindeln erhöht und somit die Schlafqualität verbessert wird. Zusätzlich sind Schlafspindeln für das Merken und Lernen von Bedeutung. Bei uns im Horeth Institut verfügen wir über die technischen Mittel, ein solches Training professionell abzuwickeln und binden es auch bereits immer wieder in unser Neurofeedback-Training ein.

TOPSECRET

Professor **PSYCHO**
NEUES AUS DER FORSCHUNG

ENTSPANNUNG MACHT DICH JÜNGER

Deepak Chopra fand im Jahr 2004 heraus, dass die äußere Erscheinung von Langzeitmeditierenden fast 12 Jahre unter ihrem biologischen Alter liegt. Das liegt daran, dass im entspannten Zustand zum einen ein Jungmacher-Hormon (Dehydroepiandrosteron, DHEA) ausgeschüttet wird und zum anderen mehr Wachstumshormone produziert werden, die ebenfalls eine verjüngende Wirkung haben. Demnach macht regelmäßige Entspannung nachweislich wieder schön und jung.

Die Stresshormone Adrenalin und Noradrenalin werden dabei zudem weniger produziert, dafür aber mehr Geschlechtshormone und Wachstumshormone. Das wirkt sich wiederum positiv auf das Immunsystem und gesundes Aussehen aus.

KRITERIEN DER ENTSPANNUNG

Für die Herstellung einer Entspannungsreaktion sind vier Kriterien als notwendig zu erachten:

1. Eine ruhige Umgebung
2. Geschlossene Augen
3. Eine bequeme Haltung
4. Mentale Technik oder Mentales Hilfssystem

Die ersten drei Kriterien dienen dazu, sowenig Input wie möglich von außen auf das Nervensystem einwirken zu lassen, damit sich innere Ruhe ausbreiten kann. Die vierte Bedingung hilft dabei, keinen hinderlichen inneren Gedanken die Möglichkeit zu geben, den eigenen Geist zu stören.

DER ALPHA-ZUSTAND

Sobald wir entspannen, fallen unsere Hirnwellen auf eine Rate von 8 bis 12 Hz ab. Diese werden als Alpha-Wellen bezeichnet. Alpha-Wellen treten beim Übergang in den Schlaf auf und stehen für einen Zustand sanfter Ruhe. Dabei ist der Mensch einerseits wach, aber gleichzeitig zutiefst entspannt – wie zum Beispiel nach dem Aufwachen, in Ruhephasen oder während kurzer Pausen.

Darüber hinaus sind Alpha-Wellen kennzeichnend für das Gefühl innerer Gelassenheit und Zufriedenheit. Die Umwelt wird positiver bewertet und das allgemeine Wohlbefinden steigt. Dieser Zustand kann durch das gezielte Einsetzen von Mentaltechniken verstärkt werden.

DIE MENSCHLICHEN ENTSPANNUNGSTYPEN

In der Regel unterscheidet man drei Entspannungstypen bei Menschen:

A) Der visuelle Typ
B) Der auditive Typ
C) Der kinästhetische Typ

Üblicherweise finden sich oft Mischformen der verschiedenen Typen und nur selten kommen sie in „Reinform“ vor.

Ist man eher ein visueller Typ, so spricht man am besten auf Bilder und Farben an. Visuelle Eindrücke und Reize bleiben besser im Gedächtnis gespeichert als zum Beispiel auditive. Darüber hinaus können Dinge gut bildlich vorgestellt werden. Fantasiereisen oder Imaginative Techniken eignen sich daher sehr gut für visuelle Menschen, um besser zu entspannen. Eine gute Entspannungsmöglichkeit für auditiv-veranlagte Menschen sind Entspannungstechniken, die auf der Grundlage von Musik oder gesprochenen Glaubenssätzen beruhen. Kinästhetisch veranlagte Menschen hingegen entspannen am besten mit Hilfe von körperlichen Methoden wie Yoga oder der Muskelrelaxation.

Der eine muss 20 Kilometer laufen, der andere hört stimmungsvolle Balladen, ein Dritter malt sich im Kopf eine wunderbare Landschaft aus, um den Stress des Tages abzuschütteln. Der Klinische und Gesundheitspsychologe Arnold Husar vom Wagner-Jauregg-Krankenhaus Linz stellt die drei häufigsten Entspannungstypen vor:

Der akustische Entspannungstyp:

Beim Begriff „Meer" denkt er sofort an das Rauschen der Wellen. Für ihn funktioniert Entspannung am besten über die Ohren: mit Musik, Geräuschen aus der Natur, gesprochenen Entspannungsformeln oder mit einer Fantasiereise. „Manche bevorzugen sphärische Klänge mit niedriger Taktgeschwindigkeit", so Husar. Ob schnelle oder langsame Musik besser funktioniert, muss jeder selbst ausprobieren. Bei einer Fantasiereise kann man sich zum Beispiel die Geräusche in einem Baum je nach Jahreszeit vorstellen: also etwa Vogelgezwitscher im Frühling oder das Rauschen des Windes im Winter. Gedanklich beendet wird die Reise immer mit einem positiven Bild.

Der visuelle Entspannungstyp:

Gibt ihm jemand ein Stichwort, so entsteht im Kopf des visuellen Typs umgehend ein Bild. Für ihn eignen sich etwa Meditationen, in die Bilder eingebaut werden. Zur Entspannung ist es hilfreich, Erinnerungen an Situationen wachzurufen, in denen man sich sicher, ruhig und entspannt gefühlt hat. Solche Visualisierungen bieten sich für kleine Auszeiten im Alltag an. Für diesen Typ eignen sich auch autogenes Training und progressive Muskelentspannung nach Jacobson.

Der Bewegungs-Entspannungstyp:

Er wird auch kinästhetischer Typ genannt. Er erfühlt Dinge oder sich selbst, bevor er geistig reflektiert. Über Bewegung (z. B. Spazierengehen, Yoga), aber auch über wohltuende Sinnesempfindungen (z.B. sanftes Einseifen beim Duschen) kann er besonders gut entspannen. Zu dieser Gruppe gehört auch der Workout-Typ, der sich nach einem stressigen Tag erst körperlich verausgaben (laufen, Rad fahren etc.) muss, bevor er zur Ruhe kommen kann.

ENTSPANNUNG AROUND THE WORLD – RELAXEN EINMAL ANDERS

Entspannung in Indien

Aus Indien stammen viele weit verbreitete Entspannungsmethoden wie zum Beispiel Yoga und Meditationstechniken. Zu den besonderen Arten der Entspannung in Indien zählt das „Shisha-Rauchen". Dabei wird der Rauch durch das Wasser über einen langen Schlauch hindurch gesogen und Pfeifentabak inhaliert. Dieses Entspannungsritual zählt trotz der gesundheitlichen Gefährdung durch krebserregende Stoffe zu den beliebtesten in Indien.

Entspannung in Spanien

In Spanien ist es üblich, nach dem Mittagessen eine Siesta (= Mittagsschlaf) zu halten. Diese Tradition kommt aus der Zeit des Spanischen Bürgerkriegs, als die Spanier, um ihre Familien ernähren zu können, eine Arbeit am Morgen und eine andere am Nachmittag hatten. In der Zeit dazwischen entstand aus der Notwendigkeit die Gewohnheit einer längeren Mittagspause. In kleineren Städten und Ortschaften besteht diese Tradition nach wie vor und Geschäfte wie Lokale sind von 14:00 bis 16:00 Uhr geschlossen. Nur in den hektischen Großstädten Spaniens ist immer weniger Platz für diese wirksame Entspannungsmethode.

Entspannung in Japan

Positiv auf unsere Konzentration und Leistung wirkt sich „Power-Napping" aus. Dabei handelt es sich um Kurzschlafzeiten, die über den Tag verteilt werden. Während es in unserer Kultur undenkbar erscheint, während der Arbeitszeit ein kurzes „Nickerchen" zu halten, ist es in Japan ein Zeichen für besonderen Fleiß. Dort hat jeder Verständnis dafür, wenn jemand die Nacht hindurch gearbeitet hat und am Tag etwas Schlaf benötigt. Power-Napping ist in Japan auch während wichtiger Verhandlungen, bei Kongressen und sogar im Unterricht akzeptiert.

Entspannung in Australien

Auch die Aborigines in Australien haben nach Möglichkeiten und Techniken gesucht, sich intensiver zu entspannen. Dabei haben sie ein Gerät, den Bokoma, entwickelt. Wir kennen dieses Gerät heute als Kopfmassagegerät. Durch die leichte Stimulation der Kopfhaut soll der Organismus in einen Entspannungszustand versetzt werden.

Professor **PSYCHO**
NEUES AUS DER FORSCHUNG

DIE ENTSPANNUNG EINER PFERDEGEBURT

Geburten sind nicht bei allen Lebewesen mit Stress und Schmerzen für die Mutter verbunden. Wissenschaftler haben vor kurzem nachgewiesen, dass sich Pferdemütter während der Geburt in einem tiefen Zustand vollkommener Entspannung befinden. Während der Geburt der Fohlen kommt es zu keiner Zunahme der mütterlichen Herzfrequenz. Ebenso bleibt bei Stuten auch die Freisetzung von Stresshormonen während der Geburt äußerst gering.

Die Geburt bewirkt bei Pferden also keine Stressreaktion und auch die Sorge der Stute um das Neugeborene ist keine Belastung für das Tier. Der Erstkontakt mit dem neugeborenen Tier ist bei Stuten sogar mit einer messbaren Erleichterung verbunden.

DIE RESILIENZ

Gibt es in unserer heutigen Welt Möglichkeiten, eine gewisse Art von Widerstandsfähigkeit gegen Stress aufzubauen? Die Antwort liegt im Begriff der Resilienz. Resilienz kommt aus dem lateinischen „resilire“ und bedeutet zurückspringen, abprallen. Das Wort beschreibt die Toleranz eines Systems gegenüber Störungen. Heute gilt die Resilienz eines Menschen als wichtiger Erfolgsfaktor für Beruf und Karriere, aber auch für das Leben allgemein. Doch was macht Resilienz eigentlich genau aus? Ich möchte dir einen kleinen Überblick zu diesem wichtigen Thema geben und dir zeigen, wie du deine eigene Resilienz verbessern kannst. Resilienz ist also keine natürliche, gottgegebene Eigenschaft, die man einfach so besitzt oder nicht. Es ist vielmehr eine bestimmte Widerstandsfähigkeit gegenüber psychischen Belastungen, die du konkret trainieren kannst. Resilientere Menschen beugen nicht nur den Burnout-Symptomen und psychosomatischen Beschwerden vor, sie erreichen aufgrund ihrer höheren Belastbarkeit auch öfter Führungspositionen.

Viele Menschen besitzen die Fähigkeit, widerstandsfähig gegenüber äußeren Belastungen und Krisensituationen zu sein und diese ohne anhaltende Beeinträchtigung durchzustehen, in unterschiedlicher Intensität. Jene, die auf eine Fülle von verschiedenen Verhaltensweisen und Einstellungen zurückgreifen können, sind dabei klar im Vorteil. Psychologische Faktoren bestimmen, wie eine Person Belastungen erlebt und ob sie in schwierigen

Lebenssituationen eher resigniert oder diese aktiv bewältigt. Glücklicherweise ist Resilienz keine außerordentliche Fähigkeit, sondern kommt häufig vor. Die meisten Menschen können sie lernen. Die gute Nachricht dazu ist: Es gibt nicht nur einen Weg, Resilienz zu entwickeln, sondern es steht dafür eine ganze Reihe von Verhaltensweisen, Gedankentrainings und Aktivitäten zur Verfügung.

Resilienz als soziale Fertigkeit gewinnt in der Berufswelt von heute immer mehr an Bedeutung. Resilienz bezeichnet die innere Stärke eines Menschen, Konflikte, Misserfolge, Veränderungen und Lebenskrisen unbeschadet zu überstehen. Ein resilienter Mensch geht sogar gestärkt aus negativen Momenten hervor. Im Berufsalltag bedeutet dies, dass resiliente Mitarbeiter mit Unsicherheit, Umbrüchen und Veränderungen besser umgehen. Sie sehen darin nicht als erstes sofort eine Bedrohung, sondern vielmehr eine Chance, die sie für sich positiv nutzen können. Im Gegensatz dazu verzweifeln nicht resiliente Menschen oft bei schwierigen Umständen oder Herausforderungen. Egal, ob Konflikte, Umstrukturierungen, Misserfolge oder sogar die Entlassung: Wer resilient ist, ist seelisch widerstandsfähig, im Kern unerschütterlich und unverwüstlich. Das heißt nicht, dass eine resiliente Person schwierige Situationen mit links meistert und unbesiegbar ist. Vielmehr bedeutet Resilienz, dass die Person die Fähigkeit besitzt, wie ein Stehaufmännchen aus jeder beliebigen Lage heraus wieder in ihren ursprünglichen Grundzustand zurückzukehren.

RESILIENZ-MERKMALE

Ein resilienter Mensch zeichnet sich durch folgende Merkmale aus:

- Er akzeptiert Unveränderliches
- Er erkennt Sinn und Chance
- Er orientiert sich an eigenen Fähigkeiten
- Er motiviert sich mit Selbstvertrauen: „Das schaffe ich!“
- Er greift auf vorhandene Netzwerke zurück
- Er handelt proaktiv
- Er übernimmt Eigenverantwortung
- Er fühlt sich gesund und leistungsfähig
- Er ist Gestalter der Situation

Ein nicht resilienter Mensch ist durch folgende Merkmale erkennbar:

- Er hadert mit der Situation: „Wieso muss das mir passieren?“
- Er sieht die Situation nur negativ
- Er erlebt ständig Selbstzweifel: „Ich kann eh nichts ausrichten!“

- Er hebt seine eigenen Schwächen hervor
- Er gibt auf, er resigniert
- Er handelt passiv und leidet unter Hilflosigkeit
- Er sucht die Schuld immer bei anderen
- Er fühlt sich erschöpft und leistungsschwach
- Er sieht sich als Opfer der Umstände

Es ist diese Form von Widerstandsfähigkeit, die vielen Menschen im Berufsalltag fehlt und die bei denen, die sie nicht besitzen, seelische Erkrankungen auslöst. Was das Immunsystem für den Körper ist, das ist Resilienz für die Psyche. Resilienz wird so zur wichtigen Überlebenstechnik für den modernen Menschen. In Zeiten voll Schnelllebigkeit und permanenter Veränderung müssen wir immer besser lernen, uns schnell auf neue Situationen einzustellen, um damit gut zurechtzukommen.

Die Ergebnisse sehr ausführlicher Studien zur Resilienzforschung zeigen, dass äußere Umstände alleine noch keine Auskunft darüber geben, wie stark diese sich auf die Betroffenen auswirken. Eine Studie, die 450 Mitarbeiter des Telekommunikationskonzerns AT&T im Verlauf wichtiger Umstrukturierungsmaßnahmen beobachtete, ergab Erstaunliches: Während zwei Drittel der Beschäftigten mit körperlichen und seelischen Beschwerden reagierte, blieb ein Drittel gesund und leistungsfähig. Obwohl alle Mitarbeiter mit der gleichen Problemsituation konfrontiert waren, gab es unterschiedliche Auswirkungen auf das Wohlbefinden. Es scheint also bestimmte Persönlichkeitsmerkmale zu geben, die psychisch robust und unerschütterlich machen. Resilienz ist nur teilweise angeboren, jeder Mensch kann, wie wir schon gesehen haben, die eigene Resilienz gezielt fördern und entwickeln.

RESILIENZ ALS SUPERMAN-FAKTOR

Kann man nun Unerschütterlichkeit und Widerstandsfähigkeit trainieren? Grundsätzlich ist das möglich, jedoch gilt dabei folgender Leitsatz:

Resilienz beginnt im Kopf, der Mensch folgt stets dem Kommando der eigenen Gedanken.

Resiliente Personen richten ihre Gedanken auf Positives mit folgendem Fokus: Worin liegt die Chance der Situation? Wie wurden bisher Krisen erfolgreich gemeistert? Welche Fähigkeiten waren hierfür besonders hilfreich? Wie können diese Fähigkeiten auch für die derzeitige Situation und die Zukunft genutzt werden? Alle resilienten Menschen haben eines gemeinsam: Sie sehen sich nicht als Opfer der Situation. Auch machen sie nicht andere für ihr Schicksal verantwortlich. Vielmehr nehmen sie dieses selbst in die Hand und orientieren sich an ihren Zielen. Sie konzentrieren sich auf das, was in der Situation möglich und sinnvoll ist. Auf der Suche nach Lösungen orientieren sie sich an ihren eigenen Ressourcen und setzen diese für die Bewältigung der Situation ein. Als resilienter Mensch versucht man aus jeder Situation das Beste zu machen! Dabei orientiert man sich an der Realität und lässt sich trotz Störfaktoren nicht unterkriegen. Wer resilient ist, erholt sich schneller von Misserfolgen oder Niederlagen und nimmt Kritik nicht persönlich. Die Grundhaltung einer Person mit hoher Resilienz lautet immer: „Egal, was auf mich zukommt, ich kann damit umgehen und werde eine Lösung finden. Ich kann selbst sehr viel tun, um die schwierige Situation zu meistern".

7 Schlüssel
Trainingsprogramm

SO TRAINIERST DU DEINE INNERE STÄRKE

Dein Trainingsprogramm für Resilienz liegt in den sieben magischen Schlüsseln zum Erreichen innerer Stärke und zum Überwinden von Hürden. Befolge alle Schüssel und du beginnst automatisch deine Resilienz zu steigern.

Schlüssel 1:

Gedanken beobachten: Deine Gedanken sind dafür verantwortlich, wie du dich fühlst. Achte in schwierigen Situationen darauf, welche bestimmten Gedanken Unwohlsein bei dir auslösen und wie realistisch sie sind.

Schlüssel 2:

Vermeide Denkfallen: Denkfehler, die dich von in der Regel hilfreichen Denkmustern abbringen, sollst du erkennen und korrigieren.

Schlüssel 3:

Spüre Eisberg-Überzeugungen auf: Als Eisberg-Überzeugungen werden tiefsitzende Idealvorstellungen des menschlichen Verhaltens bezeichnet, weil sie das Denken, Handeln und Fühlen unbewusst beeinflussen und häufig starr und wenig förderlich sind. Solche Überzeugungen sollst du entdecken und auf ihre Gültigkeit hin überprüfen.

Schlüssel 4:

Trainiere deine Problemlösekompetenz: Hier steht deine Fähigkeit zur realistischen Problemanalyse und zur flexiblen Suche nach Lösungsmöglichkeiten im Vordergrund.

Schlüssel 5:

Stoppe dein Katastrophendenken: Ziel ist es, dein lähmendes und Furcht erregendes „Wenn-dann"-Denken zu stoppen und stattdessen einen konstruktiven Plan zur Krisenbewältigung zu erstellen.

Schlüssel 6:

Beruhige dich und fokussiere: Gute und wirkungsvolle Entspannungstechniken sollen dich zur Ruhe und Kraft führen, um in Krisensituationen die notwendige Gedanken- und Impulskontrolle vorzunehmen.

Schlüssel 7:

Praktiziere Resilienztechniken in Echtzeit: Du sollst die vorgestellten 7 Schlüssel in den Arbeitsalltag integrieren.

7 Schlüssel

Zusätzlich zum Trainingsprogramm für Resilienz gibt es auch die 7 Säulen der Resilienz, sieben Eigenschaften, die dir gut tun, um deine Widerstandskraft noch mehr zu pushen. Handelst du nach den 7 Säulen und nimmst dieses Handeln auch bewusst wahr, dann erlebst du deine Resilienz.

- Du fühlst Optimismus: Optimismus bezeichnet den festen Glauben daran, dass Krisen zeitlich begrenzt und überwindbar sind.
- Du erlebst Akzeptanz: Die schwierige Situation soll als real akzeptiert werden.
- Du arbeitest lösungsorientiert: Optimismus und Akzeptanz führen zu der Frage nach möglichen Lösungen.

- Du verlässt die Opferrolle: Dies soll durch Besinnen auf Stärken und eine angemessene Interpretation der Realität geschehen.
- Du übernimmst Verantwortung: Das Individuum soll eine entsprechende Verantwortung für das eigene Handeln übernehmen.
- Du hast Freunde und gute Ratgeber: Durch aktives Miteinbeziehen soll ein stabiles soziales Umfeld geschaffen werden.
- Du betreibst Zukunftsplanung: Eine solide und umsichtige Vorbereitung auf mit großer Wahrscheinlichkeit eintretende Wechselfälle des Lebens, auch des beruflichen Lebens, soll vor massiven Rückschlägen schützen.

„E" ALS 1. ELEMENT DER RELAXFORMEL

Das E in der Relaxformel E=T+B+M steht, wie wir jetzt ausführlich gesehen haben, für Entspannung. Das E beschreibt nicht den Weg zur Entspannung, sondern das Ergebnis, den Zielzustand. Mir ist es wichtig, dir diesen Zielzustand bzw. das Ergebnis schon vorab zu zeigen. Du sollst durch dieses Kapitel wissen, wie sinnvoll und klug es ist, an seiner Entspannung zu arbeiten. Du hast die Vorteile und Auswirkungen von Entspannung, deinem Zielzustand, jetzt kennengelernt, und ich hoffe, es hat dir richtig Lust gemacht, durch das Anwenden der Formel genau dorthin zu kommen.

Das T für Techniken der Entspannung bringt dich dazu, durch gezieltes Üben einen entspannten Zustand zu erreichen. Das B für Branding wird dir beibringen, diesen Zustand intensiv in dir abzuspeichern, und das M für Mentales Ablauftraining wird dich lehren, dieses Gefühl jederzeit abzurufen.

Der Kreis wird sich schließen, wenn du T+B+M anwendest. Dann wirst du E in dir erleben. Du wirst diese nachhaltige Entspannung genießen, deine stressigen Situationen leichter in den Griff bekommen und deine Lebensqualität dadurch wesentlich verbessern. E ist deshalb in der Formel nicht nur der Zielzustand, sondern das 1. Element, denn ich glaube, man kann sein Ziel nur dann zu 100 Prozent erreichen, wenn man es auch kennt. Würdest du nichts zu diesem Thema wissen, dann könntest du auch nicht daran arbeiten. Alles, was du zu Entspannung noch lesen, hören, sehen oder recherchieren kannst, wird dich also noch schneller zu deiner Entspannung bringen.

Ein Vergleich soll dir das zum Abschluss noch einmal verdeutlichen: Wolltest du vielleicht schon mal in ein Land deiner Träume? Nehmen wir als Beispiel die USA.

Die Formel, um dahin zu kommen, lautet A=R+G+F. Amerika = Reisebüro + Geld + Flug. Bevor du dich um R+G+F kümmerst, ist es doch das Schönste, vorab schon einmal einen Reiseführer durchzusehen, Reiseberichte zu lesen, USA-Filme zu sehen, Videos anzuschauen über die Nationalparks, Manhattan, die Route 66, Los Angeles und vieles mehr. Du holst dir alle Eindrücke nach Hause, um genau die richtige Route zu buchen, damit du dort genau das siehst, was dich so beeindruckt. Du wirst eigentlich schon, bevor du deine Buchung startest, zum USA-Experten und kannst genau das Wie, Wo, Warum und Wann bestimmen. Die USA stehen für deine Entspannung. Entwickle dich zum Entspannungsexperten und du wirst immer das für dich Richtige und Bestmögliche trainieren.

5. RELAXFORMEL SETUP

Was beinhaltet das Setup für die Relaxformel? „To set up" bedeutet ja etwas aufbauen und einstellen. Wie im Golfsport benötigt die Relaxformel auch ein paar Grundzustände, um perfekt wirken zu können. Wenn du an deiner Entspannungsfähigkeit arbeitest, dann sind drei Faktoren ausschlaggebend dafür, wie intensiv und zielgerichtet du dich diesem Thema widmen kannst. Um also äußere und innere Störfaktoren zu beseitigen, darf ich dich jetzt einladen, diese drei Faktoren so gut als möglich für dein Training zu beherzigen.

Die positive Fokussierung auf deine Erfahrungen beim Entspannungstraining, dein Glaube, dass du es schaffen und umsetzen wirst, und die Bereitschaft, das Arbeiten an dir im Hier und Jetzt durchzuführen und dich nicht ständig von gestern und morgen ablenken zu lassen, sind aus unserer Erfahrung die perfekten Voraussetzungen, um die Relaxformel noch besser umzusetzen.

DIE POSITIVE FOKUSSIERUNG

Viele Menschen legen ihren Fokus leider auf Dinge und Situationen, die sie NICHT haben wollen. Sie sagen zum Beispiel zu sich selbst:„Ich will nicht mehr zunehmen! Ich will nicht mehr soviel Stress haben! Ich will nicht mehr die alleinige Verantwortung tragen müssen!"

In diesem Beispiel liegt der Fokus eindeutig auf den Dingen, die du nicht haben willst. Wichtig für dich zu wissen ist, dass du immer das bekommst, worauf du den Fokus legst. Deshalb ist es wichtig, dass du deinen Fokus in eine positive Richtung lenkst. Dein positiver Fokus unterstützt dich, die Welt mit anderen Augen zu sehen und die vielen Möglichkeiten und Chancen wahrzunehmen.

Folgende wichtigen Schritte verstärken deine positive Fokussierung:

Schritt 1:

Achte auf dein Ziel, das so exakt wie nur möglich formuliert sein sollte. Benutze Bilder, die dir dabei helfen, ein gutes Gefühl für dieses Ziel aufzubauen. Am besten unterteilst du in kurzfristiges Ziel, mittelfristiges Ziel und langfristiges Ziel.

Schritt 2:

Achte auf deine Gedanken und Überzeugungen, sie steuern dich in deinen Handlungen. Wenn du daran glaubst, etwas zu schaffen, und das deine volle Überzeugung ist, dann lebst du diese Überzeugung und entwickelst automatisch Strategien, die dich dazu bringen, dein Ziel zu erreichen. Also denk positiv! Sei überzeugt davon, das du es schaffen wirst!

Schritt 3:

Achte auf das Warum! Warum möchtest du das Ziel unbedingt erreichen? Das Warum hat eine ganz besondere Kraft, die du nicht unterschätzen solltest. Wenn du dein Warum kennst, bist du bereit, alle Wege für dein Ziel zu gehen. Hindernisse, Probleme und Rückschläge meisterst du perfekt, wenn du durch das Erkennen des „Warum möchte ich das?" weiterhin positiv fokussiert auf dich bleibst.

Mit diese Argumenten ausgerüstet kannst du die Sätze am Beginn dieses Themas mit anderen Augen sehen und durch eine positive Wortwahl umformulieren:

„Ich will in 5 Monaten um 10 Kilo weniger wiegen! Ich will durch das Erlernen von Entspannungstechniken Stressmomente besser bewältigen! Ich will nun die Stärke zeigen können, Verantwortung mit kompetenten Mitarbeitern zu teilen!" Bemerkst du, dass der Fokus jetzt in eine positive Richtung gelenkt wird? Mit jedem Gedanken, jeder Frage und mit jeder neuen Herausforderung hast du die Freiheit und Möglichkeit, zu entscheiden, worauf du deinen Fokus richtest!

DER GLAUBE

Das Wort „Glaube" kommt ursprünglich von begehren, lieb haben, annehmen, treu sein und sich auf etwas verlassen. Milliarden Menschen auf diesem Planeten glauben an Götter, Sagen, Flüche, Geister, Horoskope etc., und diese Liste ließe sich unendlich erweitern.

Aber hast du schon einmal zu dir selbst gesagt: „Ich glaube an mich"? Wenn nicht, dann solltest du jetzt damit beginnen, denn nur dein Glaube an dich selbst wird dich verändern können.

Aber was geschieht, wenn wir uns etwas als Ziel vornehmen und nicht sicher wissen, ob wir es auch erreichen können? Es gibt zwei Möglichkeiten: Entweder wir beginnen zu zweifeln, oder wir bleiben zuversichtlich und glauben einfach daran, dass es uns gelingen wird. Das heißt, wir vertrauen in unsere eigenen Kräfte. Was meinst du? Welche Variante ist die bessere? Denkst du, wir können in beiden Fällen das Ziel erreichen?

Ich bin der tiefen Überzeugung, dass diese Wahl zwischen Zweifel und Glauben die alles entscheidende ist. Denn ich bin mir sicher, dass nur diejenigen, die an sich selbst glauben, ihr Ziel erreichen werden. Warum das so ist, werde ich dir gerne erklären. Es ist so: Das, was du glaubst, wird von deinem Bewusstsein als real und wahr angenommen. Aus diesem Grund wird es alles, was du vorhast, auch so gestalten, dass sich dein Glaube verwirklichen lässt. Du fragst dich, warum es das kann? Das Bewusstsein ist dazu fähig, weil es davon ausgeht, dass du dein Ziel erreichen kannst! Dadurch ist dein Geist frei und voller Zuversicht. Das heißt, er wird bei Hindernissen immer weiter nach Lösungen suchen, denn er ist überzeugt, dass es irgendwo eine gibt! Auf diese Weise wird dein Geist auch über die Grenzen des Offensichtlichen hinausgehen und so irgendwann einen Weg finden. Zweifelst du jedoch an dir selbst, setzt du dir und deinem Tun unbewusst Grenzen. Denn sobald erste Probleme auftreten und dir nicht bald eine Lösung einfällt, wirst du dazu neigen, aufzugeben, da du ja ohnehin nicht angenommen hast, dein Ziel sicher zu erreichen.

Du solltest dir auch im Klaren sein, dass dein Denken in diesem Zusammenhang eine große Rolle spielt. Denn das, was du glaubst, ist nichts anderes als das, was du denkst. Und der Glaube an sich selbst hat einen klaren Gedanken und zwar: „Ich schaffe es!“. Das bedeutet zusammengefasst: Achte auch auf deine Gedanken, denn sie sind die Samen deines Glaubens und in weiterer Folge die Samen deines Tuns!

„Wenn du könntest Glauben!
Alle Dinge sind möglich dem, der da glaubt. “
Markus 9,23

UNMÖGLICHES ERREICHEN

In vielen Situationen kann glauben auch bedeuten, dass man das für real und möglich hält, was der eigene Verstand geradezu leugnet. Er hält es aus logischen und analytischen Gründen nicht für möglich, dass dein Vorhaben gelingen kann. Aber in dir steckt dein Herz, das dir dennoch sagt: „Doch, ich schaffe das, ich kann das erreichen!“ In diesen Situationen kann der Glaube an dich selbst scheinbar Unmögliches möglich machen! Er kann deine Phantasie in die Wirklichkeit holen und sie real werden lassen. Wenn du an dich selbst glaubst, an deine Fähigkeiten, an dich als Mensch, dann hast du die Macht, über Grenzen zu gehen. Denn der Glaube selbst ist es, der die wahren Wunder bewirkt. Er lässt uns Leistungen vollbringen, die wir uns vorher niemals zugetraut hätten. Glaube an dich - an die Realisierbarkeit deines Traumes - und er wird sich verwirklichen!

Die meisten erfolgreichen Menschen, die Visionen umgesetzt haben, glauben an sich selbst und an ihre eigene Kraft.

Unsere Geisteskraft kennt keine Einschränkungen oder Grenzen – nur die, die wir uns selbst setzen oder von außen aufzwingen lassen.

Ich hoffe, dass du dieses Buch mit offenen Augen und vor allem mit großem Glauben und Vertrauen liest. Denn, obwohl du einerseits stark an dich selbst glauben sollst, darfst du andererseits oft vieles gar nicht so richtig ernst nehmen, um dein Denken und Handeln nicht zu beschränken.

Hier sind einige lustige Beispiele und Aussagen berühmter Persönlichkeiten dazu:

„Alles was erfunden werden kann, wurde bereits erfunden."

Charles Duell, Chef des amerik. Patentamtes, 1899

„Diese Strahlen des Herrn Röntgen werden sich als Betrug herausstellen."

Lord Kelvin, Mathematiker und Erfinder, 1897

„Das Pferd wird es immer geben, Automobile hingegen sind lediglich eine vorübergehende Modeerscheinung."

Der Präsident der Michigan Savings Bank, 1903

„Wer zum Teufel will denn Schauspieler sprechen hören?"

Harry M. Warner, Chef von Warner Brothers, 1927

„Es gibt nicht das geringste Anzeichen, dass wir jemals Atomenergie entwickeln können."

Albert Einstein, Entdecker der Relativitätstheorie, 1932

„Der Fernseher wird sich auf dem Markt nicht durchsetzen. Die Menschen werden sehr bald müde sein, jeden Abend auf eine Sperrholzkiste zu starren."

Darryl F. Zanuck, Chef der Filmgesellschaft 20th Century Fox, 1946

„Ich denke, dass es einen Weltmarkt für vielleicht fünf Computer gibt."

Thomas Watson, CEO von IBM, 1943

„Es gibt keinen Grund dafür, dass jemand einen Computer zu Hause haben wollte."

Ken Olson, Präsident von Digital Equipment Corp., 1977

„E-Mail ist ein Produkt, das sich einfach nicht verkaufen lässt."

Ian Sharp, Sharp-Gesellschafter, 1979

„In zwei Jahren wird das Spam-Problem gelöst sein."

Bill Gates, Microsoft-Chef, 2004

„Nächstes Weihnachten wird der iPod tot, am Ende, weg, kaputt sein."

Alan Sugar, britischer Geschäftsmann und Multimillionär, 2005

Immer wieder sehr amüsant, diese Zitate zu lesen. Und solche weltbekannten Aussagen zeigen nur eines: Alles, was von anderen als unmöglich angesehen wird, sollte uns anspornen, weiter daran zu arbeiten. Und wenn man zu dir „Du und Entspannung, das geht doch nie bei dir!“ sagen würde, dann glaube ich, weißt du, wie motivierend das auch sein kann.

Als ich diese Sätze beim Schreiben dieses Buches recherchiert habe, fiel mir ein Statement eines Bekannten von mir ein, der von vielen als eher rechthaberischer und neidischer Mensch eingestuft wird. Ich nenne ihn hier Mr. Superwichtig. Er sagte zu mir: „Du, diese Relaxformel wird ja keiner lesen, das kann ich nicht verstehen, warum man sich im Leben entspannen sollte. Entspannen kann ich eh, wenn ich tot bin.“ Kannst du dir in diesen Moment meine Gedanken dazu vorstellen? Ich bin ganz ehrlich: Es ärgerte mich sehr, und dieser Ärger löste etwas in mir aus. Ich setzte mir ein Ziel, wie viele Menschen meine Relaxformel kennenlernen sollten und suchte nächtelang nach einer Lösung. Ich möchte es diesem Herrn Superwichtig beweisen, dass Unmögliches wirklich möglich werden kann. Die Lösung dazu fiel mir an einem verregneten Samstagnachmittag ein. Draußen zog gerade ein Gewitter von Westen her über Salzburg und so, wie die Blitze durch die Luft schossen, traf mich auf einmal der Geistesblitz. Die Lösung bist du, lieber Leser!

Wenn du mein Buch an nur drei Personen weiterempfiehlst und das viele Leser machen, dann gibt es eine logische mathematische Wahrscheinlichkeit, dass mein Ziel nach einiger Zeit umsetzbar ist. Eine Hand wäscht die andere, heißt es so schön: Darum möchte ich dich dafür auch zu einem großen Dankeschön-Seminar kostenlos einladen! Wie mein Plan genau funktioniert und wie du durch deine einfache kleine Mithilfe auch einen großen Zusatznutzen hast, findest du auf der letzten Seite dieses Buches genau beschrieben.

Regelmäßig höre ich von Menschen, die von schweren Schicksalsschlägen getroffen wurden, und wenn du mir geholfen hast, mein Ziel zu erreichen, werde ich 1 Euro pro Buch für diese Menschen, die dringend unsere Hilfe benötigen, spenden.

Leider verlieren diese Menschen sehr oft regelrecht den Boden unter ihren Füßen und schaffen es nicht, sich mental aus ihrer für sie ausweglos erscheinenden Lage zu befreien. Doch wenn du an dich glaubst, kann auch das gelingen. Das beste Beispiel dafür ist ein lieber Freund von mir, Thomas Geierspichler. Er hat es geschafft, seinem Leben eine neue Wendung zu geben. Er hatte einen Traum, eine Vision, und er hatte vor allem seinen

Glauben, den Glauben an sich selbst. Dieser Glaube hat ihn vom querschnittgelähmten Unfallopfer zum erfolgreichen Spitzensportler und Paralympic-Sieger gemacht. Bei den Paralympics 2004 in Athen wurde sein Traum Wirklichkeit. Er gewann Gold und stellte den paralympischen Rekord auf. Thomas Geierspichler glaubte an sich und gab nie auf, für seinen Traum zu kämpfen. Ich habe Thomas vor fünf Jahren bei der Aufzeichnung einer Fernsehsendung von „Wir sind Kaiser" im ORF kennengelernt, bei der wir beide zu Gast waren. Er strahlte sofort Offenheit, Ehrlichkeit und Freundlichkeit aus. Mit jeder Begegnung wurde mir mehr bewusst, dass Thomas ein Mensch mit Visionen und tiefem Glauben ist. Er denkt ständig über Neues nach, träumt von seinen Ideen und lebt sie bereits in seinen Gedanken vor. Für mich nutzt er ständig seinen Glauben und die daraus entstehende Entspannung, um über Grenzen zu gehen.

DAS HIER & JETZT FEELING

Haben Sie auch manchmal das Gefühl, der Zeit immer ein wenig hinterher zu sein? Wenn Sie glauben, dass Sie in der Vergangenheit leben, dann liegen Sie richtig. Aber keine Angst, das ist vollkommen normal. Das kennen die meisten Menschen. Schließlich hinkt unsere bewusste Wahrnehmung der Realität tatsächlich hinterher – ziemlich genau um die Dauer eines Augenblinzelns, um 80 Millisekunden. Wesentliche Grundvoraussetzung für ein Leben im Hier und Jetzt ist, dass unsere Gedanken nicht in der Vergangenheit liegen und wir uns nicht mit schmerzlichen Erinnerungen quälen. Weiters bedeutet das, dass unsere Gedanken nicht um die Zukunft kreisen und wir uns nicht darum sorgen, was uns Schlimmes passieren könnte. Beim Arbeiten im Hier und Jetzt bleiben unsere Gedanken bei der Aufgabe, die wir gerade erledigen. Wenn wir spüren, was sich jetzt im Moment in unserem Körper ereignet und was wir fühlen, dann ist unsere Konzentration auf den aktuellen Moment gerichtet und wir trainieren uns darin, auch hier zu bleiben. Wichtig für das Arbeiten an der Relaxformel ist darüber hinaus, dass du jetzt die wichtigste Person bist und dich nicht um andere sorgen kannst. Ich weiß, dass wir unser entspanntes Leben nur genießen können, wenn wir im Hier und Jetzt aktiver leben. Wir können den Zustand unserer Entspannung nur optimieren, wenn wir ab heute damit beginnen, noch intensiver in der Gegenwart zu leben und das auch genießen und besser wahrnehmen. Viele Menschen konzentrieren ihre Gedanken entweder auf die Vergangenheit oder auf die Zukunft und vergessen dabei wie es im Hier und Jetzt aussieht.

Wichtig ist für das Erleben der Relaxformel: Ich entspanne heute und arbeite an noch intensiverer Entspannung heute und fühle das Ergebnis heute!

Auch wenn ich natürlich das Ergebnis in Zukunft ebenso erleben werde und aus der Vergangenheit heraus Erfahrungen miteinbringe, trainieren wir am besten jetzt. Wenn du stattdessen permanent an die Vergangenheit oder an die Zukunft denkst, bremst du dein Potenzial und handelst nur mit einem Bruchteil deines inneren Willens und deiner inneren Kraft.

„Der einzige Platz zu leben ist hier
und die einzige Zeit zu leben ist jetzt."
Chinesisches Sprichwort

DIE MACHT DER GEWOHNHEIT

Thomas F. lebte Jahre lang in einem Vorort von Wien. Jeden Tag nahm er den selben Weg von der Arbeit nach Hause. Eines Tages zog er ans andere Ende der Stadt. Als er sich nach dem Umzug an seinem ersten Arbeitstag wieder auf den Heimweg machte, fand er sich plötzlich in seiner alten Umgebung wieder. Erst da merkte er, dass er die falsche Richtung eingeschlagen hatte. Die Macht der Gewohnheit hat ihn zu seiner früheren Wohnung geführt.

Gewohnheiten sind grundsätzlich gut und haben Macht, heißt es allgemein. Diese Aussage klingt grundsätzlich plausibel, denn wie sollten wir uns in der Welt zurechtfinden, wenn sich jeden Tag alles verändert? Gewohnheiten sorgen prinzipiell für Platz in unserem Gehirn und unseren Gefühlen für die wirklich wichtigen Ereignisse. Die Gewohnheit hat extrem große Vorteile für unseren Organismus. Ihr größter Nutzen besteht darin, dass rasches Handeln ermöglicht werden kann. Gewohnheit schenkt uns so das Gefühl der Sicherheit und die Gewissheit, dass das aktuelle Handeln das richtige ist. Weiters haben Gewohnheiten den großen Vorteil, dass unsere Bewegungen wesentlich weniger fehleranfällig sind, wenn sie automatisch ablaufen. Im Fall von Thomas F. war sein Heimweg so stark automatisiert, dass er sich dessen erst bewusst wurde, als er wie ferngesteuert in die falsche Richtung fuhr. Wissenschaftler haben allerdings auch herausgefunden, dass Menschen, die ihr Alltagsverhalten veränderten, auch eine andere Art zu denken entwickelten.

Um die Relaxformel in deinen Alltag zu integrieren und oft auch gegen den inneren Schweinhund anzukämpfen, müssen wir einen kleinen Teil unserer Gewohnheiten verändern und andere Gewohnheiten, die das Entspannungstraining betreffen, in das Leben einfließen lassen. Wenn wir neue Gewohnheiten bekommen, können wir in der Folge schneller und zielgerichteter an unserer Entspannung arbeiten. Der Fokus deines Trainings liegt dabei nicht nur darauf, den Stress loszuwerden. Durch das Ändern von Gewohnheiten, die Stress auslösen, kann auch dein Wohlbefinden auf geistiger und körperlicher Ebene verstärkt werden. Gedanken und Verhaltensweisen bilden ja ein sehr robustes Netz aus Gewohnheiten, wovon einige grundsätzlich gut und sinnvoll sind. Mit manchen anderen Gewohnheiten beeinflussen wir unser Lebensgefühl aber auch negativ. Du wirst dich fragen, warum macht der Mensch Dinge, die ihm schaden? Ganz einfach: Das Gehirn unterscheidet nicht zwischen guten und schlechten Gewohnheiten. Schlechte lassen uns oft denselben Fehler immer und immer wieder machen. Warum also funktioniert das Prinzip der Gewohnheit so gut beim Entspannungstraining?

- Der Mensch ist ein Gewohnheitstier. Gewohnheiten helfen uns, Aufgaben leichter durchzuführen.
- Wir Menschen sind darauf programmiert, Gleiches zu wiederholen. Wir sitzen oft auf dem gleichen Platz, gehen oft die gleichen Wege, reagieren oft nach dem gleichen Muster, ja, wir putzen uns jeden Tag auf die gleiche Art und Weise die Zähne.
- Gute Gewohnheiten können sehr nützlich sein.
- Es gelingt uns im Allgemeinen viel leichter, Schritt für Schritt unser Verhalten zu einem Thema zu ändern als unser gesamtes Denken. Woche für Woche geplante kleine Änderungen vereinen sich am Ende zu einer neuen Lebensweise.
- Gewohnheiten sind stärker als unsere Willenskraft. Nur Veränderungen, die wir gezielt durch Wiederholung herbeiführen und immer wieder bewusst einsetzen, können eingelernte Gewohnheiten brechen.

Das Erfolgsrezept für dich, damit du ein paar Gewohnheiten verändern kannst, funktioniert folgendermaßen. Das gewünschte Verhalten und die neue Gewohnheit müssen mit einem deutlichen Auslösereiz gekoppelt und dann durch Belohnung verstärkt werden. Auslösereize können zum Beispiel eine tägliche Uhrzeit, eine auf den Autositz gelegte Erinnerung oder ein immer gleicher Eintrag im Kalender sein. Hat man die erste Hürde geschafft, einen neuen Auslösereiz zu etablieren, wird die Gewohnheit zum Selbstläufer. Wenn du regelmäßig an deiner Entspannungsfähigkeit übst und dich für deinen Fleiß ganz bewusst auch mit einem entspannten Abendessen, einem guten Film oder Ähnlichem belohnst, dann automatisierst du früher oder später diese Tätigkeit. Leute, die es gewohnt sind, Obst zu essen, haben nach einiger Zeit automatisch Lust darauf. Wecke durch regelmäßiges Erzeugen eines Entspannungszustandes großes Verlangen in dir, es immer wieder zu spüren - und mach es so zu deiner Gewohnheit!

Mentales Erfolgssystem zum Ändern von Gewohnheiten

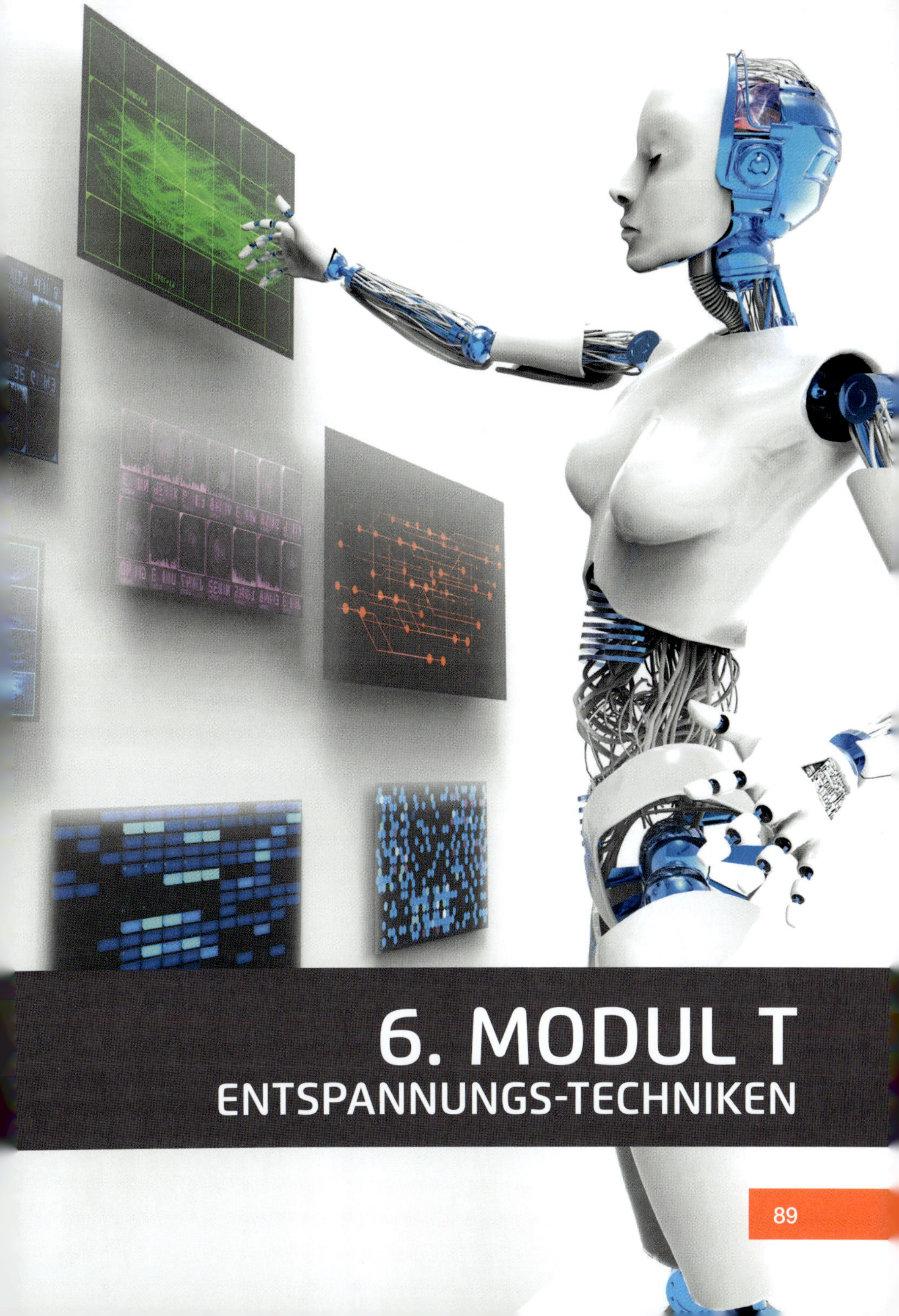

6. MODUL T
ENTSPANNUNGS-TECHNIKEN

1 X 1 DER ENTSPANNUNGSTECHNIKEN

Entspannungstechniken sind keine Erfindung der modernen Zeit, sondern das Ergebnis von über Jahrtausende hinweg entstandenen und gelebten Ritualen des Menschen. Der Mensch der Neuzeit hat sie beobachtet, deren Sinn, Gebrauch und Vorteile beurteilt und den Gewinn daraus in Gebrauchsanweisungen für den Menschen investiert.

Die ersten Entspannungsrituale entstanden bei den Urmenschen, die das Erleben des Sonnenaufgangs und des Untergangs, die unterschiedliche Dauer der Tage sowie die unvorhersehbaren Temperatur- und Wetterschwankungen als chaotisch empfanden. Mit der Zeit erkannten sie Regelmäßigkeiten darin, konnten Ereignisse als zusammengehörig gruppieren und hofften, dass sie regelmäßig wiederkehren. Sie beteten Mächte an, um das Erhoffte zu bekommen. Das beruhigte sie und vermittelte Ordnung und eine sicherere Lebensgrundlage. So entstand das Ritual.

Unter dem Begriff Entspannungsverfahren lassen sich viele Methoden mit unterschiedlichen Traditionen, Techniken und Zielsetzungen zusammenfassen. Allen ist mehr oder weniger gemeinsam, dass sie letztlich eine Entspannungsreaktion herbeiführen. Wir benötigen also Entspannungstechniken, um bewusst einen Entspannungszustand zu erreichen, um die Spannung loszulassen und die Entspannung zuzulassen. Entspannungstechniken geben in strukturierter Form Bedingungen vor, mit denen die Wirkung einer Entspannung erzeugt werden kann. Durch wiederholte Anwendung und Übung der Technik wird der Ablauf dann immer leichter und im besten Falle sogar automatisiert.

Das bewirkt, dass sich mit der Zeit der entspannte Zielzustand allmählich schneller, deutlicher und wie von selbst einstellt. Voraussetzung für das Gelingen eines Entspannungszustandes ist die Wahl eines entsprechenden und persönlich sympathischen Entspannungsverfahrens.

DIE SIEBEN ERGEBNISSE DER ENTSPANNUNGSTECHNIKEN

Das Modul T in der Relaxformel steht ja, wie wir bereits gesehen haben, für die Techniken – für die Methoden und Systeme, die dich in einen angenehmen Entspannungszustand bringen. Aber das ist ja noch lange nicht alles, was das richtige Entspannungstraining bei dir auslösen und dir bringen kann.

1) Beruhigung

Emotionen wie Angst, Stress, Wut oder Trauer wirken sich auf das vegetative Nervensystem aus. Deshalb kommt es zu körperlichen Reaktionen wie zum Beispiel beschleunigter Atmung, erhöhtem Puls und Blutdruck, Schweißausbrüchen und Muskelanspannung. Durch Entspannungsübungen kann das vegetative Nervensystem positiv beeinflusst werden. Dieses ist für die Steuerung lebensnotwendiger Funktionen wie Atmung, Herzschlag, Blutdruck, Stoffwechsel und Verdauung zuständig.

2) Erholung

Damit sich Körper, Geist und Seele regenerieren können, sind regelmäßige Pausen erforderlich. Bereits die Vorstufe der Entspannungstechniken, sogenannte Entspannungsmöglichkeiten, dient unserer persönlichen Erholung. Hier meine ich zum Beispiel ein Nickerchen machen, ein angenehmes Gespräch mit Freunden oder einfach ein wohliges Bad nehmen. Entspannungstechniken tragen in weiterer Folge wesentlich dazu bei, noch mehr zur Ruhe zu kommen und dadurch neue Kraft zu tanken. Unabhängig davon, ob es sich um körperliche oder geistige Arbeit handelt, ist es in beiden Fällen unerlässlich, regelmäßige Auszeiten einzuplanen. In diesem Kapitel des Buchs geht es nicht um sanfte Entspannungsmöglichkeiten, hier geht es gleich um wirkungsvolle Techniken.

3) Stressbewältigung

Regelmäßige Entspannungsübungen erhöhen die Widerstandskraft gegen Stress. Sobald regelmäßige Entspannung zu einer Gewohnheit geworden ist, ist es möglich, die Techniken auch in den Alltag zu integrieren. Dann erinnert man sich automatisch selbst daran, in bestimmten Situationen tief durchzuatmen, den Körper zu entspannen oder sich selbst zu beruhigen. Das Endergebnis ist ein leichteres und schnelleres Bewältigen von Stressmomenten.

4) Selbstkontrolle

Kontinuierliche Entspannungsübungen fördern die Selbstkontrolle und Selbstwirksamkeit. Das beinhaltet sowohl das Kontrollieren von negativen Gefühlen als auch Körperreaktionen bei Angst und Panik. Entspannungstechniken befähigen uns, durch regelmäßiges Anwenden und Üben selbstregelnd in unsere körperlichen und seelischen Zustände eingreifen zu können. Das Gefühl von Hilflosigkeit wird durch Sicherheit und Stärke ersetzt. Jeder Mensch kann lernen, eine gewisse Kontrolle über seinen eigenen Körper und Geist zu bekommen.

5) Körperwahrnehmung

Für ein gesundes Leben ist eine gute Körperwahrnehmung sehr wichtig. Wir bekommen über den Körper ständig Botschaften, ob wir funktionieren oder nicht. Je entspannter wir sind, desto mehr können wir unsere Körperwahrnehmung verbessern. Um die Körperwahrnehmung zu schulen, sind vor allem Achtsamkeitsübungen, Muskelentspannungen oder Meditation geeignet. Ein gutes Körperbewusstsein fördert zugleich auch das Selbstbewusstsein.

6) Spannungsabbau

Innere Unruhe und Rastlosigkeit gehen zumeist mit körperlichen Verspannungen einher. Gründe für Verspannungen sind einerseits Fehlbelastungen, muskuläre Ungleichgewichte, andererseits aber auch psychische Belastungen. Besonders seelische Anspannungen führen immer wieder zu Verspannungen, insbesondere der Nacken- und Schultermuskulatur. Diese Muskeln werden bei psychischen Belastungen häufig dauerhaft angespannt und als Folge davon verspannt.

7) Lebensqualität

Entspannungsübungen verbessern das seelische und körperliche Wohlbefinden. Die richtigen Techniken helfen unser persönliches Idealmaß an Lebensqualität zu erreichen, um das Leben genießen können. Regelmäßige Auszeiten fördern Ausgeglichenheit, Gelassenheit und Harmonie. Stresshormone werden abgebaut und Glücksgefühle aufgebaut.

„Die Technik ist der Weg. Die Entspannung ist die Kunst und das Ziel!“

Unbekannt

Professor **PSYCHO**
NEUES AUS DER FORSCHUNG

ENTSPANNUNG DURCH BERÜHRUNG

Im Zentrum der neuesten Forschung stehen die Auswirkung von Berührungen auf Psyche, Nervensystem und Hormone. Für eine Studie an der DePauw University in Indiana sollten die Testpersonen versuchen, eine Liste von Emotionen per Berührung auf gänzlich unbekannte Personen zu übertragen, denen die Augen verbunden wurden. Es gelang ihnen, acht verschiedene Emotionen mit 70-prozentiger Genauigkeit zu übertragen. Wurde bisher also angenommen, Berührung hätte lediglich die Funktion, das Kommunizierte zu unterstreichen, so wurde jetzt erkannt, dass Berührung ein eigenes Kommunikationsmittel ist. Ergebnis der Studie war auch, dass, wenn wir uns berühren, Entspannungshormone freigesetzt werden, genauer gesagt die „Wohlfühl"-Stoffe Oxytocin und Prolaktin. Die Zentren im Gehirn, die für Problemlösungen zuständig sind, entspannen sich unmittelbar nach der Berührung.

Über die Haut hat Berührung einen direkten Einfluss auf den Hormonhaushalt und das vegetative Nervensystem, wodurch Stress, Ängste und Verspannungen abgebaut werden und Schmerzen und psychosomatische Beschwerden Linderung erfahren.

DER ENTSPANNUNGSTYP-TEST

Entspannungsverfahren kann man danach unterscheiden, ob der Effekt eher auf psychischen oder aber auf mentalen Prozessen basiert. Übersetzt heißt das, dass es zwei Möglichkeiten gibt, Ruhe und Entspannung zu bewirken. Möglichkeit Nummer eins ist über körperliche Übungen, Nummer zwei sind mentale Übungen mithilfe der menschlichen Vorstellungskraft. Zum Teil gibt es auch sehr gute Mischformen dieser Methoden, die zur Verstärkung beide Komponenten berücksichtigen. Allen Methoden liegt die Erkenntnis zugrunde, dass Körper, Geist und Seele zusammenwirken und dass alles, was dem Körper gut tut, auch der Seele hilft und umgekehrt. In diesem Buch sind die Entspannungstechniken, die wir lernen werden, zum Teil nach diesen Gesichtspunkten strukturiert, aber auch nach einem anderen wesentlichen Faktum. Wir Menschen reagieren also entweder mehr auf körperliche oder geistige Entspannung, aber, was wesentlich ist, wir reagieren auf unseren am stärksten ausgeprägten Sinn! Das bedeutet, wenn wir sehr durch Musik entspannen können und auf akustische Eindrücke reagieren, dann sind wir ein akustischer Typ. Es kann auch sein, dass wir, egal wo wir sind, zuerst die Landschaft und Bilder, die wir aufnehmen, entspannend finden und uns durch visuelle Eindrücke beeinflussen lassen. Reagieren wir sehr stark zum Beispiel auf Düfte, aber auch auf Bilder, dann sind wir ein Mischtyp. Nur welcher Entspannungstyp bist du und welche Sinneswahrnehmung ist bei dir am meisten ausgeprägt? Damit du bei den kommenden Trainingstechniken in deine Typrichtung arbeiten kannst, empfehle ich dir die zwei folgenden Tests mitzumachen, damit du noch besser einschätzen kannst, welcher Entspannungstyp du eigentlich bist.

ANLEITUNG ZU TEST 1:

Kreuze bitte bei allen Fragen eine Antwort an und addiere dann die Anzahl der Kreuze für jeden Buchstaben. Trage gleich nach dem Test 1 diese Anzahl jeweils beim Typ A, B, C und D in der am Ende des Tests folgenden Tabelle ein.

1. **Wenn ich nichts zu tun habe, werde ich unruhig.**
   - ☐ Ja, stimmt C
   - ☐ Trifft manchmal zu A
   - ☐ Trifft kaum zu D
   - ☐ Nein, trifft gar nicht zu B

2. **Entspannung bedeutet für mich:**
   - ☐ Die Augen schließen und mich von Musik treiben lassen A
   - ☐ Mich auszupowern C
   - ☐ Ein gutes Buch lesen B
   - ☐ Eine Duftkerze anzünden und mich einfach fallen lassen D

3. **Wenn ich an das Meer denke,**
   - ☐ sehe ich es vor mir B
   - ☐ kann ich das Meer riechen D
   - ☐ spüre ich das Wasser und vielleicht den Wind auf meiner Haut C
   - ☐ höre ich die Wellen rauschen A

4. **Ich bin ein Tagträumer.**
   - ☐ Ja, stimmt B
   - ☐ Trifft etwas zu A
   - ☐ Trifft kaum zu D
   - ☐ Nein, trifft gar nicht zu C

5. **Wenn ich versuche zu entspannen, habe ich gleicht 1000 Gedanken im Kopf die mich ablenken**
   - ☐ Ja, stimmt C
   - ☐ Trifft etwas zu A
   - ☐ Trifft kaum zu D
   - ☐ Nein, trifft gar nicht zu B

6. **Bestimmte Gerüche lösen bei mir Entspannung aus.**
   - ☐ Ja, stimmt D
   - ☐ Trifft etwas zu A
   - ☐ Trifft kaum zu B
   - ☐ Nein, trifft gar nicht zu C

7. **Musik zu hören entspannt mich.**
   - ☐ Ja, stimmt A
   - ☐ Trifft etwas zu D
   - ☐ Trifft kaum zu B
   - ☐ Nein, trifft gar nicht zu C

8. Ruhig zu sitzen, finde ich beim Entspannen besonder schwierig.

- ☐ Ja, stimmt C
- ☐ Trifft etwas zu D
- ☐ Trifft kaum zu A
- ☐ Nein, trifft gar nicht zu B

9. Ein gut riechender Raum ist für mich besonders wichtig.

- ☐ Ja, stimmt D
- ☐ Trifft etwas zu B
- ☐ Trifft kaum zu A
- ☐ Nein, trifft gar nicht zu C

10. Wenn ich mich körperlich nicht bewege, bin ich schlecht gelaunt und unausgeglichen.

- ☐ Ja, stimmt C
- ☐ Trifft etwas zu D
- ☐ Trifft kaum zu A
- ☐ Nein, trifft gar nicht zu B

11. Beim Entspannen möchte ich einfach abschalten und mich nicht konzentrieren.

- ☐ Ja, stimmt B
- ☐ Trifft etwas zu A
- ☐ Trifft kaum zu D
- ☐ Nein, trifft gar nicht zu C

12. Wenn ich entspanne, bekomme ich oft das Bedürfnis, mich zu strecken und zu dehnen.

- ☐ Ja, stimmt C
- ☐ Trifft etwas zu D
- ☐ Trifft kaum zu A
- ☐ Nein, trifft gar nicht zu B

13. Nach einem stressigen Tag lege ich mich am liebsten in die Badewanne und schalte alle Gedanken aus.

- ☐ Ja, stimmt C
- ☐ Trifft etwas zu D
- ☐ Trifft kaum zu A
- ☐ Nein, trifft gar nicht zu B

14. Nach einem anstrengenden Arbeitstag kann ich nicht einmal mehr Musik hören. Das macht mich nur noch nervöser.

- ☐ Ja, stimmt B
- ☐ Trifft etwas zu C
- ☐ Trifft kaum zu D
- ☐ Nein, trifft gar nicht zu A

15. Mit Duftkerzen und aromatischen Ölen kann ich am besten entspannen.

- ☐ Ja, stimmt D
- ☐ Trifft etwas zu A
- ☐ Trifft kaum zu C
- ☐ Nein, trifft gar nicht zu B

16. Um richtig entspannt zu sein, muss ich alles um mich herum vergessen.

- ☐ Ja, stimmt B
- ☐ Trifft etwas zu A
- ☐ Trifft kaum zu D
- ☐ Nein, trifft gar nicht zu C

17. Ich bin Kopfarbeiter und kann meine Gedanken selten richtig abschalten.

- ☐ Ja, stimmt C
- ☐ Trifft etwas zu A
- ☐ Trifft kaum zu D
- ☐ Nein, trifft gar nicht zu B

18. Wenn ich an den Urlaub denke, hab ich sofort einen bestimmten Geruch in der Nase.

- ☐ Ja, stimmt D
- ☐ Trifft etwas zu B
- ☐ Trifft kaum zu A
- ☐ Nein, trifft gar nicht zu C

19. Ich kann mir Dinge und Orte gut vorstellen und sehe sie vor meinem geistigen Auge.

- ▢ Ja, stimmt B
- ▢ Trifft etwas zu A
- ▢ Trifft kaum zu D
- ▢ Nein, trifft gar nicht zu C

20. Ich liebe es, an frischen Blumen, Obst und Gewürzen zu riechen.

- ▢ Ja, stimmt D
- ▢ Trifft etwas zu B
- ▢ Trifft kaum zu A
- ▢ Nein, trifft gar nicht zu C

Addiere jetzt bitte die Anzahl der Kreuze für jeden Buchstaben zusammen und trage die Zahl jeweils hier in der Tabelle ein. Gehe anschließend, ohne eine detaillierte Beschreibung der Typenauflösung, gleich zu Test 2 weiter.

Die meisten Nennungen entsprechen deinem Entspannungstyp A, B, C oder D. Liegen zwei oder drei Spalten gleichauf, bist du ein Mischtyp, der auf unterschiedliche Art gleich gut entspannen kann.

Anzahl der Kreuze

Typ A	*Typ B*	*Typ C*	*Typ D*
______	______	______	______

ANLEITUNG ZU TEST 2:

Bei dem zweiten Test geht es nun darum, festzustellen, auf welcher Wahrnehmungsebene du dich am wohlsten fühlst und welcher deiner Sinne eine besonders große Rolle beim Entspannen für dich spielt. Lies dazu bitte die folgenden Begriffe aufmerksam durch und stelle sie dir spontan vor. Beobachte, mit welcher Wahrnehmung du sie dir vorstellst, ob du den Begriff vor deinem geistigen Auge sehen kannst, hören kannst, fühlen kannst oder sogar riechen kannst. Kreuze dann die entsprechende Ebene an. Du kannst auch zwei Ebenen ankreuzen. Am Ende zähle bitte zusammen, wie viele Kreuze du in der jeweiligen visuellen, auditiven, kinästhetischen oder olfaktorischen Ebene gemacht hast. Die Spalte mit den meisten Kreuzen ist deine bevorzugte Wahrnehmungsebene. Wenn du bei zwei Spalten ähnliche Ergebnisse erzielt hast, dann bist du auf beiden Kanälen ähnlich aufnahmefähig und leistungsstark.

Die gustatorische Ebene, also das Schmecken, habe ich bewusst hier nicht extra berücksichtigt, da es nur sehr wenige Entspannungstechniken mit dem Geschmackssinn gibt und dadurch dieser Wahrnehmungssinn nicht besonders brauchbar für unsere Zwecke ist.

Aber falls dir auffällt, dass du bei dem einen oder anderen Begriff auch Geschmackswahrnehmungen bei dir beobachten kannst, dann bitte speichere dies ab und denke beim Kapitel Branding wieder daran, denn hier könnte es für dich von Vorteil sein.

Begriff	**HÖREN** *Auditive Ebene*	**SEHEN** *Visuelle Ebene*	**FÜHLEN** *Kinästhetische Ebene*	**RIECHEN** *Olfaktorische Ebene*
Hund	☐	☐	☐	☐
Baum	☐	☐	☐	☐
Dusche	☐	☐	☐	☐
Strand	☐	☐	☐	☐
Pizza	☐	☐	☐	☐
Hummel	☐	☐	☐	☐
Wolken	☐	☐	☐	☐
Holz	☐	☐	☐	☐
Auto	☐	☐	☐	☐
Feuer	☐	☐	☐	☐
Orange	☐	☐	☐	☐
Fernseher	☐	☐	☐	☐
Säugling	☐	☐	☐	☐
Wald	☐	☐	☐	☐
Mond	☐	☐	☐	☐
Lavendel	☐	☐	☐	☐
Schule	☐	☐	☐	☐
Gitarre	☐	☐	☐	☐
Kaffee	☐	☐	☐	☐
Kuh	☐	☐	☐	☐
Anzahl der Kreuze				

GESAMTAUSWERTUNG :

Bitte vergleiche deine Ergebnisse aus beiden Tests. Wenn bei beiden Tests das Ergebnis auf den gleichen Entspannungstyp beziehungsweise die Entspannungsebene fällt, ist von einer eindeutigen bevorzugten Entspannungsart auszugehen. Ansonsten bist du ein „Mischtyp", der bei den unterschiedlichsten Techniken gleich gut relaxen kann. Hier ist die genaue Erklärung der unterschiedlichen Typen:

Ergebnis Test 1 und Test 2

Typ A	*Typ B*	*Typ C*	*Typ D*
______	______	______	______

HÖREN *Auditive Ebene*	*SEHEN* *Visuelle Ebene*	*FÜHLEN* *Kinästhetische Ebene*	*RIECHEN* *Olfaktorische Ebene*
______	______	______	______

Entspannungstyp A

Der auditive oder auch akustische Typ: Zum Beispiel beim Begriff „Meer" denkst du sofort an das Rauschen der Wellen oder bei „Gitarre" an die klangvollen Töne des Musikinstrumentes. Für dich funktioniert Entspannung am besten über deinen akustischen Sinneskanal, über die Ohren: mit dementsprechender Musik, Geräuschen aus der Natur, gesprochenen Entspannungsformeln oder mit einer akustischen Fantasiereise.

Entspannungstyp B

Der visuelle oder auch Bilder-Typ: Wenn du an etwas denkst, so entsteht in deinem Kopf gleich ein dazu passendes Bild. Wenn du beispielsweise den Kaffee riechst oder schmeckst, siehst du eine Tasse Espresso gedanklich vor dir stehen oder hast die Kaffeebohnen vor deinem geistigen Auge. Die Welt erfasst du am liebsten mit den Augen und sicher fällt es dir auch nicht schwer, Bilder vor deinem geistigen Auge entstehen zu lassen. Für dich eignen sich Entspannungsübungen aus den imaginativen Methoden, aber auch suggestive Verfahren und Meditationen, in die Bilder eingebaut werden.

Entspannungstyp C

Der Bewegungstyp oder auch kinästhetische Typ: Du reagierst stark auf körperlicher Ebene und musst deinen Körper spüren, um entspannen zu können.

Beim Begriff Wald zum Beispiel spürst du das weiche Moos an deinen Händen und Füßen stärker als den Duft der Tannennadeln.

Stillsitzen und dich einfach fallen zu lassen, fällt dir schwer. Über Bewegung, aber auch über wohltuende Sinnesempfindungen, die mit Berührung zu tun haben, kannst du besonders gut entspannen. Zu dieser Gruppe gehört auch der Workout-Typ, der sich erst körperlich verausgaben muss, um danach wirklich zur Ruhe zu kommen.

Entspannungstyp D

Der Geruchstyp oder auch olfaktorische Typ: Riechen ist für dich eine wichtige Sinneswahrnehmung, und nur in gut duftenden Räumen fühlst du dich wohl und kannst auch zur Ruhe kommen. Gerüche sind bei dir stark mit Gefühlen und Emotionen verknüpft. Bei der Vorstellung einer Pizza riechst du schon diesen wunderbaren Duft, bevor du dazu Bilder und Geschmäcker erlebst.

Für dich funktionieren am besten Entspannungstechniken, bei denen durch bestimmte Gerüche ein körperlicher Relax-Zustand erreicht wird.

WICHTIG: Merke dir gut, welcher Entspannungstyp du bist, denn nicht nur jetzt im Kapitel Techniken kannst du einen Schwerpunkt auf deinen Typ legen. Später im Kapitel Branding wirst du ebenso die für dich optimale Branding-Methode für deinen bevorzugten Wahrnehmungssinn wählen, um deine Entspannung noch intensiver werden zu lassen.

WIE DU JETZT AM BESTEN ZU TRAINIEREN BEGINNST!

Nimm dir jetzt ein wenig Zeit, um das große Angebot an Techniken durchzusehen.

Du weißt nun, welcher Entspannungstyp du bist und kannst auch die dazu passenden Methoden wählen und an deine Persönlichkeit anpassen. Ein wichtiger Tipp von mir: Probiere ruhig auch andere Methoden aus, die vielleicht gar nicht zu deinem Typ passen! Vielleicht bist du ja ein Misch-Typ oder findest Gefallen an der einen oder anderen Übung, die du sonst übersehen hättest. Vielleicht wirst du ja auch selbst kreativ und beginnst mehrere Methoden zu kombinieren. Wichtigste Regel: Es ist das gut, was dir hilft. Um dich nun um das T der Formel zu kümmern, setze dir als Ziel für die nächsten Tage, so viele Techniken wie möglich auszutesten, zu fühlen, welche dir gut tun, zu erleben, welche dich nicht entspannen, um dann am Ende die für dich passenden Techniken gefunden zu haben. Mit denen werden wir dann weiterarbeiten und das B und M integrieren.

Da Entspannungstechniken sehr individuell sind und definitiv Geschmacksache, lass alles neutral ohne Vorurteile auf dich wirken und entscheide am Ende intuitiv, welche Methoden die für dich richtigen sind und ob sie auch deinem Entspannungstyp entsprechen. Entscheidest du dich für eine, weil sie so angenehm wirkt – perfekt! Entscheidest du dich für mehrere – auch wunderbar! Du entwickelst mit meiner Hilfe dein eigenes, ganz individuelles Trainingssystem. Selbstverständlich kannst du die Techniken auch abändern, wenn du bemerkst, dass zum Beispiel ein etwas anderer Atemrhythmus, eine Zeitangabe oder ein besseres Gedankenbild deine Entspannung noch mehr fördert. Gut ist das, was hilft und dich entspannt! Auf geht's mit dem wichtigsten Teil der Relaxformel, mit den Techniken. Und wir starten mit Techniken aus dem Bereich der Imagination, den perfekten Techniken für den visuellen Entspannungstyp. Sei gespannt, wie sehr die bildliche Vorstellungskraft entspannende Auswirkungen auf unseren Körper haben kann!

Zu vielen der nun folgenden Techniken findest du im Internet auf shop.horeth.at von mir angeleitete Übungen zum Mitmachen jeweils als Downloadvariante. Falls du also das Gefühl hast, bei den Übungen nicht alles selbst steuern zu wollen, sondern lieber bei einem Audio Trainingsprogramm mitmachen möchtest, dann sind die Audio Downloads sicherlich eine große Unterstützung zum Eintrainieren der Techniken.

IMAGINATIVE METHODEN

WAS IST IMAGINATION?

Fantasieren, sich etwas vorstellen und es sich in allen Details ausmalen, sich etwas wünschen und erträumen, gedanklich die Grenzen von Raum und Zeit verschieben – all das ist für mich Imagination. Imagination bezeichnet die Vorstellungskraft, genauer gesagt die menschliche Fähigkeit, etwas zu visualisieren, das nicht, noch nicht oder nicht mehr vorhanden ist. Der Ursprung des Wortes liegt im lateinischen „imago" und bedeutet Bild oder Abbild.

Der Begriff „imaginatio" wird mit Einbildung, Phantasie und Vorstellung übersetzt. Jemand, der imaginiert, ist dazu fähig, bei wachem Bewusstsein innere Bilder zu erzeugen und diese nahezu beliebig zu formen und sehr intensiv wahrzunehmen. Imaginative Methoden sind Techniken, welche die Vorstellungskraft unseres Gehirns nutzen, um Stress zu bewältigen oder das eigene Potenzial auszuschöpfen, indem wir uns bewusst wohltuende Bilder vorstellen, um somit eine bevorstehende schwierige Situation besser zu bewältigen.

Wir können Imaginationen und Visualisierungen nutzen, um einen Ort in uns selbst zu schaffen, an dem wir geschützt sind und uns wohlfühlen. Das beeinflusst wiederum körperliche Prozesse wie Atmung, Herzfrequenz und Blutdruck positiv. Eine Stärke der imaginativen Verfahren besteht darin, dass sie es ermöglichen, Veränderungen über ein eingehendes gedankliches Betrachten und vertiefende Einsichten hinaus spürbar und begreifbar zu machen. Die Grundlage einer imaginativen Übung bildet das Hinführen zur Entspannung.

Im Gegensatz zu realen Bildern sind innere Bilder aber nicht nur auf die visuelle Wahrnehmung beschränkt. Alle Sinne können an ihnen beteiligt sein. So können wir, wenn wir imaginieren, auch Gerüche, Geräusche und Geschmäcker wahrnehmen. Auch können wir spüren, wie sich etwas anfühlt.

IMAGINATION IM ALLTAG

HORETH Mentalübung

Versuch dir einen Moment lang Folgendes vorzustellen: Es ist ein warmer Tag im Frühsommer. Es weht ein leichter Windhauch und du sitzt auf einem alten Holzsteg am See. Deine Schuhe und Socken hast du ausgezogen, deine Hosenbeine nach oben gestülpt. Langsam streckst du eine Zehe nach der anderen ins Wasser. Fühlst du die Temperatur des Wassers? Atme tief ein! Kannst Du den Duft des Sees riechen? Jetzt streichst du mit einer Hand über den alten, ergrauten Holzsteg. Fühlst du seine Oberfläche?

Neben dir am Steg steht im Übrigen ein Becher mit cremigem Schokolade-Vanille-Eis – du hast ihn zuvor mitgebracht. Er ist garniert mit einer knusprigen Waffel. Nimm die Waffel heraus und beiße hinein! Tauche sie in das Schokoladeneis und nimm einen weiteren Bissen. Schmeckst du die Süße der Waffel, den Kakao der Schokolade? Was fühlst du? Freude? Genuss? Abneigung, weil dir diese Eissorten nicht schmecken?

DIE FÄHIGKEIT DER IMAGINATION

Imaginieren kann grundsätzlich jeder von uns, denn die Imagination ist eine wesentliche Fähigkeit unseres Gehirns. Wir benötigen sie auch für die Informationsverarbeitung. Allerdings ist sie von Mensch zu Mensch unterschiedlich stark ausgeprägt. Manche können sich mit Leichtigkeit die ungewöhnlichsten Dinge in allen Farben ausmalen, für andere ist schon die Imagination einfacher Bilder mit Anstrengung verbunden.

Es werden grundsätzlich drei Arten der Imagination unterschieden – je nachdem, in welchem zeitlichen Zusammenhang das Vorgestellte gesehen wird:

1. Die vergangenheitsbezogene Imagination:

Bei der vergangenheitsbezogenen Imagination holt sich der Mensch Erlebtes aus seiner Erinnerung wieder ins Bewusstsein und stellt es sich vor. Diese Variante haben wir bereits beim Mind Chilling kennengelernt.

2. Die zukunftsbezogene Imagination:

Wenn wir unsere die Zukunft betreffenden Erwartungen (positive wie negative), Träume und Wünsche ausmalen, bedienen wir uns dieser Art der Imagination. Die zukunftsbezogene Imagination ist die für uns wichtigste Vorstellung, da wir hier beginnen können, unsere Ziele zu formen.

3. Die abstrakte Idee:

Die letzte Variante der Imagination ist die der abstrakten Idee. Zu ihr zählen innere Bilder, die ohne zeitlichen Bezug zur Wirklichkeit stehen. Etwa wenn wir uns vorstellen würden, uns mit unserer Katze zu unterhalten, ohne jedoch zu glauben, dass dies zukünftig jemals möglich sein könnte.

„Imagination entscheidet darüber, wie Menschen die Welt wahrnehmen und sie dann allenfalls auch verändern.“

Verena Kast

WIE WIRKEN IMAGINATIVE TECHNIKEN?

Im Unterschied zu Träumen geht es bei Imaginationen um mehr oder weniger bewusst kontrollierte bildhafte Vorstellungen, wobei alle Sinne beteiligt sein können. Imaginative Methoden ermöglichen es, mittels der Vorstellung von Situationen und aktivem Probehandeln, dass Konflikte lösbar werden. Verloren geglaubte Kräfte und Stärken melden sich in der Imagination nach und nach zurück. Sie können imaginativ eingeübt werden und sich so den Weg in den wirklichen Alltag bahnen. Die Fähigkeit, mit inneren Bildern zu arbeiten, sie auszugestalten und zur Lenkung unseres Wachstums zu nutzen, hilft dabei, die eigene innere Ordnung aufrecht zu erhalten.

Die Ergebnisse der Hirnforschung bestätigen, dass sich durch die Vorstellung von Handlungen auch äußere Veränderungen vorbereiten und leichter vollziehen lassen. Entspannungstechniken durch Imagination bieten jede Menge Vorteile:

- Sehr gute Kontrolle während dem Training
- Seelische und körperliche Anspannungen sowie Erschöpfungszustände lösen sich
- Regelmäßige Imaginationsübungen wirken positiv auf das Schlafverhalten
- Tiefenentspannung entsteht und Entspannung wird vertieft
- Das Selbstbewusstsein kann gesteigert werden
- Steigerung der Sinneswahrnehmungen
- Positive Emotionen werden erlebt
- Die Motivation zur Problembewältigung wird gestärkt
- Wellnessanwendung für die Seele

Falls dich das Thema Imagination noch mehr interessiert, dann findest du in meinem Buch „Das Horeth-Prinzip“ ein sehr ausführliches Kapitel zu diesem Thema, zu den verschiedenen Stufen des Bildererlebens, Steuerungsvarianten der Imagination und auch Imagination zur kreativen Lebensgestaltung.

Nimm dir jetzt am besten ein wenig Zeit, den individuellen Teil des Buches zu beginnen. Jede Technik ist anders, die eine oder andere wirst du als angenehmer oder schwieriger empfinden. Suche dir einen ruhigen Platz, an dem du ungestört bist und gib dir für jede Technik, die du ausprobieren und üben möchtest, ein paar Minuten Zeit zum Kennenlernen.

WELLNESS-REISE

Unter Wellness-Reise versteht man, in seinen Gedanken mithilfe der Fantasie eine Reise an einen Ort und in eine Zeit zu unternehmen, die fern der gegenwärtigen Realität liegt. Das Ziel der Wellness-Reisen ist, Orte der Fantasie aufzusuchen, die entspannend auf den Geist wirken und für Ruhe und Gelassenheit stehen. Wellness-Reisen gelingen am besten in einer ruhigen und entspannten Umgebung, in der man bequem sitzt oder liegt. Wichtig ist, dass du auf deiner Reise möglichst alle Sinne aktivierst.

DER TRAININGSABLAUF:

Suche dir einen ungestörten Platz, an dem du am besten gemütlich liegen kannst. Im Notfall ist auch angenehmes Sitzen in einem Sessel möglich. Die Augen sind geschlossen, der Atem ruhig und gleichmäßig und du liegst einfach nur da, tust nichts, entspannst deinen Körper, deine Muskeln, deine Gedanken. Die Beine sollten hüftbreit ausgestreckt sein und die Hände sind geöffnet, ganz locker und entspannt.

Du kannst dir jetzt zu Beginn deiner Reise vorstellen, dass deine Gedanken wie weiße Wolken am Sommerhimmel vorüberziehen und es vollkommen egal ist, welche Gedanken das genau sind. Nachdem du 1 bis 3 Minuten einfach nichts getan hast und nur da liegst, kannst du mit deiner Wellness-Reise beginnen. Spüre jetzt ganz bewusst die Fläche, auf der du liegst und gib dich voll und ganz diesem Gefühl hin. Fühle deinen Körper ganz bewusst und intensiv. Fühlst du dich schwer oder leicht? Fühlst du dich entspannt, gelöst und ruhig? Wie fühlen sich deine Arme, Beine, der Nacken und die Schultern an?

Wie entspannt und gelöst fühlt sich dein Gesicht an? Beginne nun für ein paar Minuten intensiv loszulassen und lass dich einfach fallen. Spüre, wie sich die Bauchdecke mit jedem Atemzug hebt und wieder senkt.

Du selbst kannst nun ganz nach Geschmack und Intuition entscheiden, welchen Wohlfühlort du heute in deinen Gedanken besuchen möchtest. Mögliche Orte könnten zum Beispiel ein traumhafter menschenleerer Südsee-Strand, eine einsame ruhige Waldlichtung, eine bunte frische Bergwiese, ein leise plätschernder Bach, ein gemütlicher Spaziergang durch den Wald oder ein Flug durch die Lüfte der afrikanischen Hügellandschaft sein. Deiner Fantasie sind hier keine Grenzen gesetzt, du kannst unterschiedliche Landschaften und verschiedene Länder bereisen, Tiere beobachten, in Meeresbuchten schwimmen, Blumenwiesen riechen, Kontinente verbinden, den Weltraum erobern oder dich einfach nur mental in deinen Garten setzen und dort mit deinen Freunden plaudern. Wichtig für die Wellness-Reise ist, dass du dich auf eine Reise machst, dabei mehrere Momente und Situationen erlebst und immer weiter gehst und so auch immer einen Schritt tiefer entspannst.

Nachdem du dich für einen oder mehrere Orte entschieden hast, beginnst du in deinen Gedanken an diese Orte zu reisen. Du kannst dies zu Fuß tun, mit dem Fahrrad, Auto oder Flugzeug, oder du schwebst einfach in deine Landschaft hinein. Alles ist möglich, alles ist erlaubt! Wenn du an deinem Ort angekommen bist, versuche deine gesamten Sinnenwahrnehmungen dort mit einzubauen. Was kannst du sehen, hören, riechen, erfühlen, schmecken? Je mehr du deine Sinne in deiner Reise mit einbeziehst, desto realer und intensiver werden deine Eindrücke. Wenn du dich zum Beispiel für eine traumhafte Insel entscheidest, dann kannst du dich dort in den Sand setzen und mit deinen Füßen den Sand und das Wasser spüren. Du kannst spüren, wie die Sonne auf deinen Körper scheint, du kannst den blauen Himmel beobachten, du kannst das türkisblaue Wasser rauschen hören, die bunten Fische darin sehen und vielleicht, nachdem du darin gebadet hast, ein wenig das Salz auf den Lippen schmecken. Vielleicht legst du dich dort auf eine angenehme weiche Liege, lässt dir einen Sommercocktail servieren, hörst angenehm ruhige Musik und beginnst tief zu entspannen. Du selbst bist der Schöpfer deiner Gedankenwelt, du kannst unendlich viele Momente genießen und dich auch beobachten, an welchem Ort du am besten entspannen kannst und was dich ruhig und gelassen macht!

Nimm dir für so eine Reise ca. 5 bis 15 Minuten Zeit und lass die Gedanken fliegen.

Die Rückkehr in die Realität ist bei Wellness-Reisen immer ein bisschen wie ein Aufwachen. Die Wellness-Reise endet am besten am Ausgangspunkt, dort, wo du die Reise angetreten hast. Hier kannst du noch einen Moment die Ruhe und Entspannung genießen. Um dich körperlich zu aktivieren, kannst du mehrmals hintereinander die Hände zu Fäusten ballen, fest zusammenpressen und wieder öffnen. Dazu kannst du tief durchatmen, dich wohlig räkeln und strecken und damit beginnen, deine Augen langsam wieder zu öffnen.

RUHEBILDER

Im Gegensatz zur Wellness-Reise ist das Ruhebild ein einziges gedankliches Bild, auf das man sich konzentriert. Man unternimmt keine Reise, trifft auf keine Situationsmomente und wechselt auch nicht zwischen verschiedenen Landschaften. Das Ruhebild ist ein gedankliches Foto, ein gedanklicher Schnappschuss, der auf dich beruhigend und entspannend wirkt.

Folgende Merkmale sollten das Ruhebild charakterisieren:

- Es sollte angenehm sein sowie Ruhe und Wohlbefinden ausstrahlen.
- Es sollte keine anderen Personen außer, im Notfall, dir selbst enthalten.
- Es sollte keine hektischen und schnellen Aktivitäten darstellen.

Das Ruhebild soll dir helfen, sehr schnell gedanklich abschalten zu können, ohne eine große Wellness-Reise zu unternehmen, indem du immer wieder einmal zwischendurch für 30-60 Sekunden dieses Bild vor Augen hast.

DER TRAININGSABLAUF:

Wähle ein Bild, einen Momentausschnitt, der für dich entspannend ist. Dein Ruhebild kann ein sehr schönes Foto sein, an das du denkst und das es auch wirklich gibt - oder es kann auch reine Phantasie sein. Wichtig ist, dass man sich das Bild mit allen Sinnen vorstellen kann. Wie bei der Wellness-Reise versuchst du es zu sehen, zu fühlen, zu riechen und zu hören.

Dann schließt du deine Augen, konzentrierst dich in deinen Gedanken auf genau dieses Bild und versuchst das, was du wahrnimmst, für mindestens 30 Sekunden zu halten. Je länger du dich auf das eine Bild fokussieren kannst, desto trainierter bist du.

Lass die Eindrücke, Farben und Erinnerungen auf dich wirken und fühle die damit verbundene Erholung und Entspannung.

So könnte dein Ruhebild in deinen Gedanken zum Beispiel aussehen:

Ruhebild eines Sonnenuntergangs am einsamen, stillen See

ENTSPANNUNGS TECHNIK

TREPPENTECHNIK

In der Treppentechnik kannst du das imaginäre, gedankliche Treppensteigen auf dich wirken lassen. Als Einleitung für viele Fantasiereisen beginnt man oft mit dem gedanklichen Treppensteigen nach oben oder unten, um in eine neue Bewusstseinsebene zu kommen und einen neuen Bereich zu betreten.

Schon das Treppensteigen allein kann eine sehr beruhigende Wirkung auf dich haben, da du vielleicht das Hinaufgehen als befreiend und erleichternd wahrnimmst oder vielleicht das nach unten Gehen eine angenehme Schwere in deinem Körper auslöst. Bei der Treppentechnik musst du nicht fantasievoll sein, Reisen unternehmen oder Landschaften visualisieren - es reicht vollkommen aus, wenn du konzentriert Treppen steigst.

DER TRAININGSABLAUF:

Vor deinem ersten Training wirst du noch nicht wissen, welche Richtung die für dich angenehmere ist: entweder Treppen nach oben, oder Treppen nach unten. Probiere es aus und du wirst schnell merken, wohin du lieber gehen wirst!

Treppen nach unten:

Du machst es dir bequem, schließt deine Augen und stellst dir gedanklich eine Treppe deiner Wahl vor. Vielleicht ist sie aus Holz, vielleicht aber auch aus wertvollem Marmor – du bestimmst deine persönliche Gedankentreppe. Schau dich jetzt um, wo die Treppe sich befindet und stell dir vor, dass du am höchsten Punkt der Treppe stehst und nun alle Stufen Schritt für Schritt nach unten gehst. Vielleicht sind es 10 Stufen, eventuell auch 20. Jede Stufe, die du nach unten gehst, bringt dich immer mehr in einen entspannten Zustand. Stell dir vor, wie dein Körper mit jedem Schritt immer schwerer wird, du immer tiefer in deine Entspannung sinkst und dich immer weiter von dem Ort entfernst, an dem du gerade warst. Jeden Schritt, den du ganz langsam nach unten gehst, nützt du, um dich immer tiefer und tiefer in deine Entspannung zu versetzen. Atme dazu ruhig und gleichmäßig und versuche mit jedem Schritt die Schwere zu verstärken, bis du am Ende unten angekommen bist.

Treppen nach oben:

Du machst es dir bequem, schließt deine Augen und stellst dir gedanklich eine Treppe deiner Wahl vor. Vielleicht ist sie aus Holz, vielleicht aber auch aus wertvollem Marmor – du bestimmst deine persönliche Gedankentreppe. Schau dich jetzt um, wo die Treppe sich befindet und stell dir vor, dass du am untersten Punkt der Treppe stehst und nun alle Stufen Schritt für Schritt nach oben gehst. Vielleicht sind es 10 Stufen, eventuell auch 20. Jede Stufe, die du nach oben gehst, bringt dich immer mehr in einen entspannten Zustand. Stell dir vor, wie mit jedem Schritt dein Körper immer leichter wird, du immer tiefer in deine Entspannung sinkst und du dich immer weiter von dem Ort entfernst, an dem du gerade warst. Jeden Schritt, den du ganz langsam nach oben gehst, nützt du, um dich immer tiefer und tiefer in deine Entspannung zu versetzen. Atme dazu ruhig und gleichmäßig und versuche mit jedem Schritt die Leichtigkeit zu verstärken, bis du am Ende oben angekommen bist.

ENTSPANNUNGS
TECHNIK

BALLONTECHNIK

Die Ballontechnik ist ein Möglichkeit, stressige und belastende Gedanken loszuwerden. Vielleicht kannst du nicht einschlafen, weil du noch störende negative Momente in deinen Gedanken erlebst, oder du kannst dich auf eine wichtige Tätigkeit nicht konzentrieren, weil du immer wieder von Sorgen abgelenkt wirst. Hier ist die Ballontechnik eine tolle Methode, um sich strukturiert von negativen Gedanken zu verabschieden, um zu entspannen.

DER TRAININGSABLAUF:

An einem für dich angenehmen Ort legst du dich hin, schließt deine Augen und stellst dir vor, dass du dich auf einer großen weiten Wiese befindest. Es ist eine besondere Wiese, eine weltweit einzigartige – mit unendlich vielen Heißluftballons, die auf ihr stehen. Vielleicht haben für dich alle die gleiche Farbe, vielleicht ist es aber ein Meer an bunten Riesenballons auf einer wunderschönen Wiese. Alle Ballons sind bereits startbereit und mit heißer Luft gefüllt. An jeder Ballonhalterung ist ein großer Korb befestigt. Du kannst nun in deinen Gedanken in diese Körbe alles hineinpacken, was dich im Moment bedrückt und dir Sorgen bereitet: Probleme, Ängste, Stressauslöser - einfach alles, was dich belastet.

Geh in deinen Gedanken durch, was heute oder im Moment das für dich Störende ist und gib es symbolisch - als Bild, Person, Schriftzug, Situation oder auf eine andere kreative Art - einfach in den Ballonkorb hinein.

Und wenn du dann sicher bist, dass alles Wichtige in der Kiste ist, kannst du die Schnur lösen, mit welcher der Ballon am Boden befestigt ist.

Vielleicht hast du viele Unsicherheiten und Probleme symbolisch in unterschiedliche Ballons gegeben, vielleicht ist es auch nur ein einziger, der deine Stressgedanken beinhaltet. Lass deine Ballons nun nach oben steigen in den Himmel, lass sie sich von dir entfernen und versuche innerlich, dich ebenso davon zu distanzieren. Die Vorstellung der Ballons mit deinen Gedanken ist eine Imaginationsübung, um sich von Stress zu distanzieren. Stell dir vor, sie steigen langsam immer höher und höher. Du verfolgst den Flug der Ballone, die immer höher steigen, immer höher in den Himmel, und kleiner und kleiner werden. Schließlich sind sie nur noch ein winziger Punkt am Himmel, bis sie am Ende vollkommen verschwinden. Und du bist auf dieser Wiese und fühlst dich erleichtert und freier - und genießt das Gefühl, auf diese Weise erlöst worden zu sein.

Genieße noch ein wenig diese Erleichterung und Entspannung, und wenn du merkst, dass sich die negativen Gedanken im wahrsten Sinne des Wortes „verflogen" haben, öffnest du wieder deine Augen.

ENTSPANNUNGS
TECHNIK

MIND CHILLING

Beim Mind Chilling lernst du durch eine spezielle Technik, dich selbst, wie in einem Film, an einen besonderen Punkt in deiner Vergangenheit zu führen und dabei zu relaxen sowie gedanklich und körperlich zu entspannen.

Mind Chilling bedeutet „den Geist abkühlen“ und „die Gedanken entspannen“. Die von mir entwickelte Mind Chilling Methode funktioniert durch ein klar definiertes System: Wir erleben entspannende Momente aus unserer Vergangenheit in unseren Gedanken nochmal, lassen die Gefühle, die wir dort hatten, wieder in uns hochkommen und erleben so die selbe Situation ein zweites Mal.

Auf diese Weise lässt sich die Methode in fast alle Situationen des Alltags integrieren. Das Einzige, was man dazu benötigt, sind ein paar Minuten Zeit und eine schöne persönliche entspannende Erinnerung.

DER TRAININGSABLAUF:

Nimm dir jetzt 10 bis 20 Minuten Zeit, um Mind Chilling auszuprobieren und Körper und Geist zu entspannen. Suche dir wieder einen Ort, an dem du ungestört bist und einen angenehmen Platz zu liegen hast.

Beantworte dir selbst folgende Fragen, um einen besonderen Moment in deinem vergangenen Leben zu finden. Was war einer deiner schönsten Momente deines Lebens, in dem du auch am meisten entspannt hast? Welchen Moment, welche Situation hast du besonders stark genossen und gleichzeitig absolute Ruhe und Entspannung gefühlt? Bei welchem schönen Erlebnis aus deiner Vergangenheit hast du dich rundherum wohl, glücklich und vollkommen geborgen gefühlt? Wichtig: Diese Situation darf aus der heutigen Sicht mit keinem negativen oder traurigen Zusammenhang in Verbindung gebracht werden und sollte ein allein erlebter Moment sein, in dem man idealerweise nur selbst eine Rolle spielt. Sehr beliebt sind Momente, in denen man bewusst und alleine das Schöne an der Natur genossen hat, wie zum Beispiel das barfuß am Strand Gehen, mit dem Sand Spielen, das Meerwasser an den Füßen Fühlen. Entscheide selbst, welche Situation aus deinem eigenen Leben für dich so stark und entspannend war! Erinnerungen an Erlebnisse aus dem Urlaub, mit der Familie, in deiner Freizeit oder an ungewöhnliche Ausflüge können dir dabei sicherlich hilfreich sein.

Lege Dich bequem auf ein Sofa oder ein Bett und schließe deine Augen. Gegebenenfalls ist auch ein kuscheliger Sessel in Ordnung. Schließe deine Augen und atme ein paar Mal tief und ruhig durch.

Vollkommen entspannt stellst du dir vor, dass du selbst eine Zeitmaschine bist. Du reist jetzt nur in deinen Gedanken zurück in deine Vergangenheit. Der Kalender blättert rückwärts, Tage, Wochen, Monate, Jahre - wohin du möchtest. Deine Zeitmaschine bleibt genau in dieser Zeit, in dieser Minute stehen, in der du deinen persönlichen Entspannungsmoment erlebt hast.

Jetzt siehst du den Moment plötzlich vor dir, du erlebst ihn noch einmal, als wenn du mitten im Geschehen wärst. Um diesen Moment voll und ganz wieder zu erleben, musst du ihn mit allen Sinnen fühlen. Beobachte als Erstes alles in deiner Umgebung und schau dir alle Details dieser Situation ein paar Minuten lang genau an! Beantworte dir folgende Fragen dazu, die dir helfen sollen, noch lebendiger Bilder zu bekommen: Wo bist du? Was machst du in diesem Moment? Wie ist die Umgebung? Welche Tageszeit ist gerade? Wie ist das Wetter? Welche Menschen sind um dich herum?

Wenn du alle Details aus dieser erlebten Situation optisch erkannt hast, dann konzentriere dich auf deine Sinneseindrücke von damals. Welche Geräusche nimmst du wahr? Welche Töne kannst du aus der Umgebung wahrnehmen? Was sagen die Menschen, falls welche hier sind? Hörst du dich selbst? Welche Düfte nimmst du in deiner Situation wahr? Riecht es angenehm? Hast du in diesem Moment etwas gegessen oder getrunken? Welchen Geschmack hast du im Mund? Was fühlst du auf deiner Haut? Berührst du etwas in deiner Situation? Hast du Schuhe an oder bist du barfuß? Was fühlen deine Sohlen?

Am Ende werden dir alle Sinneseindrücke helfen, den wichtigsten Eindruck zu erleben und das intensivste deiner Gefühle, die du in deiner Situation hattest, wieder zu spüren und in dir hochleben zu lassen. Spüre, wo sich dieses Gefühl in dir befindet und wo du es in deinem Körper fühlen kannst. Je länger du dieses Erlebnis durchlebst, desto intensiver wird das Gefühl, das du damals erlebt hast. Kommen mehrere unterschiedliche Gefühle in dir hoch, ist das wunderbar. Jedes starke positive Gefühl ist willkommen und soll sich in deinem ganzen Körper ausbreiten. Dein Ziel ist es, dass du alle Gefühle ganz intensiv werden lässt.

Nachdem du es mit allen Sinnen erlebt hast, lass dich einfach treiben und genieße deine Gedanken. Wenn du das Gefühl hast, genug entspannt zu haben, dann zähle mit deiner inneren Stimme von 0 bis 10. Mit jeder Zahl stellst du dir vor, dass deine Arme und Beine wieder leichter werden, dass du immer wacher wirst, wieder zurückkommst ins Hier und Jetzt und dass du dich vollkommen erholt und frisch fühlst. Bei 10 öffnest du die Augen und bist wieder munter und wach.

ATEMTECHNIKEN

WAS SIND ATEMTECHNIKEN?

In stressigen Momenten spannt sich nicht nur die Muskulatur in unserem Körper an, auch unsere Atmung wird stärker und das Herz schlägt schneller. Diese körperliche Reaktion kann sich bis hin zu unangenehmem Herzrasen und einer sehr flachen Atmung beziehungsweise Hyperventilation steigern. Bei der Hyperventilation atmet man zu viel Sauerstoff ein und zu wenig Kohlendioxid aus. Auswirkungen davon sind Benommenheit, Kribbeln und Schwindel bis hin zur Ohnmacht. Aufgrund dieser Erkenntnisse sind Atemspannungs-Techniken entwickelt worden, die eine Kontrolle der Atmung zum Ziel haben. Das Erlernen dieser Techniken gilt grundsätzlich als einfach.

Der Atem selbst ist unsere lebenswichtigste Energiequelle. Der Atemfluss füllt unseren Körper biologisch mit Sauerstoff und Energie, verbrennt Ablagerungen und Gifte und scheidet sie aus. Die Lunge ist nach der Haut das größte Kontaktorgan des Körpers. Das heißt, je wirksamer wir atmen, desto frischer und gesünder bleiben die Zellen unseres Körpers. Über die Atemwege nehmen wir täglich zwischen 10000 und 20000 Liter Luft in der Lunge auf. Die innere Oberfläche der Lunge entspricht etwa der Größe eines halben Tennisplatzes.

So wie wir unbewusst die Luft anhalten, wenn wir erschrecken oder erleichtert ausatmen, können wir durch bewusstes Atmen unsere Entspannung beeinflussen. Das Einatmen ist wie eine Spannung, die wir zum Handeln brauchen, die Ausatmung eine Entspannung, die wir nach dem Handeln benötigen.

Alles ist miteinander verbunden: Atmen – Denken – Fühlen. Das heißt, unser Atemmuster entwickelt sich zeitgleich mit unserer Psyche und spiegelt sich wider in unserer Körperstruktur. Bei einer Körperhaltung mit nach vorne hängenden Schultern und rundem Rücken ist in unserer Brust weniger Raum für das Einatmen vorhanden. Dem entsprechend verfügen wir auch über zu wenig Raum, um Gefühle von Stärke, Sicherheit oder Wut nach außen zu tragen und auszuleben. Wird das nicht erkannt und Abhilfe geschaffen, macht sich das irgendwann durch schmerzende und erkrankte Körperstellen, durch Gefühlsausbrüche, Zusammenbrüche und Lebenskrisen bemerkbar.

ANATOMIE DER ATEMWEGE

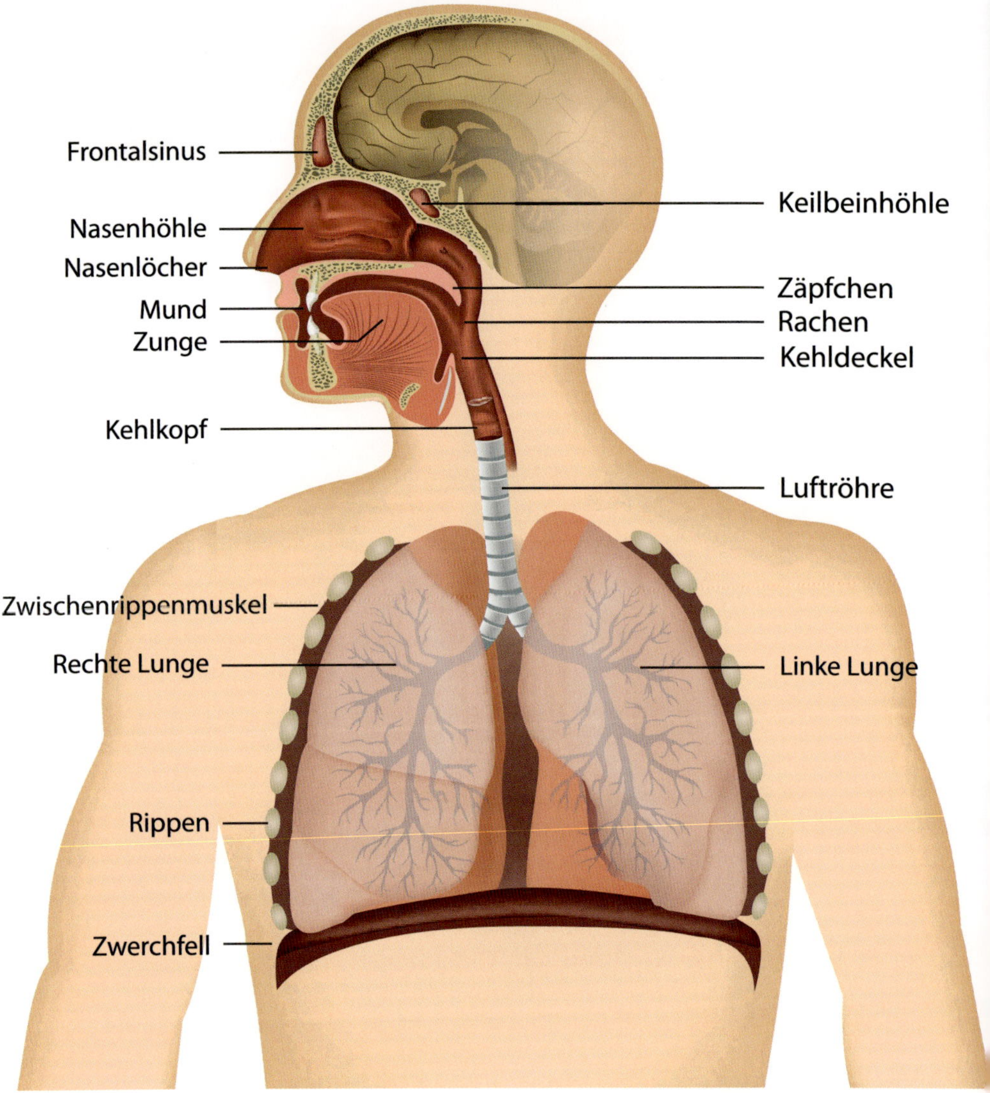

Unsere Atmung können wir aber auch bewusst beeinflussen und steuern. Wir können gezielt tief in den Bauch einatmen und damit das Zwerchfell mit der Einatmung senken. Wir können in den Brustkorb einatmen und dadurch eine vergrößerte Rippenbewegung durch das Heben und Senken des Brustkorbes erreichen. Wir können aber auch eine flache und schnellere Atmung durchführen. Langsame, tiefe Atmung, schnelle, hastige Atmung, Atmung durch die Nase oder durch den Mund – du kannst alles aktiv steuern.

„Der Atem ist dein bester Kamerad!“
Indisches Sprichwort

WIE WIRKEN ATEMTECHNIKEN?

Wenn man sich bewusst vor Augen führt, dass schon wenige Minuten ohne Atmen ausreichen, unser Leben zu beenden, kann man sich auch vorstellen, wie hilfreich und sinnvoll eine bewusste und richtige Atmung sein kann.

Durch die aktive Verbindung von Einatmen und Ausatmen in einem gleichmäßigen Rhythmus wird unsere Aufmerksamkeit ganz auf das, was sich gerade in unserem Körper abspielt, gelenkt – wir befinden uns und verharren bewusst in unserer Mitte. Durch das Einüben langsamer, tiefer und gezielter Atmung entspannen sich Körper und Geist. Das so genannte parasympathische Nervensystem, das für Entspannung und Regeneration verantwortlich ist, übernimmt die Führung, während das sympathische Nervensystem, das Aktivität und Erregung steuert, sich zurücknimmt.

Die bewusste Konzentration auf die Atmung bewirkt, dass wir uns nicht mehr mit den vorbeiziehenden stressigen Gedanken und Gefühlen identifizieren. Wir sind wieder glücklich und fühlen innere Ruhe in uns. Geistig und körperlich lösen sich Blockaden, und wir können uns vertrauensvoll diesem positiven Geschehen anvertrauen. Das bewusste Atmen bewirkt sowohl körperliche als auch mentale Veränderungen in uns.

Körperliche Auswirkungen:

- Anregung des Stoffwechsels
- Erhöhung des Sauerstoffpegels
- Herzmuskel wird entlastet
- Stärkung der Beckenboden-, Bauch- und Brustmuskulatur
- Regulierung der Verdauung
- Krampflösende Wirkung auf Bronchien, Magen, Darm
- Aktivierung der Körperdrüsen

- Abbau von Abfallstoffen
- Absenkung des Blutdrucks
- Verlangsamung des Pulses
- Beseitigung von Verkalkungen der Blutgefäße
- Tiefe Entspannung
- Stärkung körpereigener Abwehrkräfte
- Unterstützung von Heilungsprozessen.

Geistig-seelische Auswirkungen:

- Glücksgefühle
- Innere Ruhe und Gelassenheit
- Gefühle der Geborgenheit
- Leichtigkeit im Denken und Leben
- Mehr Lebensfreude
- Die entstehende Kohlensäure im Blut wirkt antidepressiv

DAS ATEMPHÄNOMEN DER APNOETAUCHER

Durch spezielles Atemtraining gelingt es Apnoetauchern, ihre Lungen so mit Luft zu füllen, dass sie bis zu acht Minuten ohne Hilfsmittel unter Wasser bleiben können. Wissenschaftler haben genau untersucht, wie das möglich ist: Der Grund für diese Fähigkeit liegt im Tauchreflex: Kommen die Gesichtsnerven in Kontakt mit Wasser, halten wir nicht nur die Luft an, auch das Herz schlägt langsamer. Mit zunehmendem Wasserdruck wird das Blut aus Armen und Beinen in den Brustraum umgeleitet. Der Wasserdruck bewirkt auch, dass die Lunge schrumpft. Bereits in zehn Metern Tiefe hat sie nur noch die halbe Größe – in 100 Metern Tiefe ist sie nicht mehr größer als eine Faust.

Apnoetaucher widerstehen dem Atemreflex und auch dem krampfartigen Zusammenziehen des Zwerchfells. Das heißt, sie wissen genau, wie viel Sauerstoffreserven sie noch im Körper haben. Beim Auftauchen kann jedoch der Atemreflex so übermächtig werden, dass es zu Krämpfen oder Bewusstlosigkeit kommt.

ATMUNG IN ALTEN KULTUREN

Alle Hochkulturen kannten die Bedeutung des Atems. In der indischen Philosophie werden entsprechende Techniken, die vor allem mit Atmen zu tun haben, Pranayama genannt. Die Auswirkung der Atmung auf unseren Körper war auch in der chinesischen Medizin bereits vor Jahrtausenden bekannt. Atemtechniken wurden schon damals für die Erhaltung der Gesundheit der Menschen eingesetzt. Wie in der indischen Kultur, in der das Prana die Quelle allen Lebens ist, bezieht man sich in der chinesischen Sichtweise auf das Qi als Träger des Lebens. Qi kann auf drei Arten aufgenommen werden: durch Atmung, Ernährung und Bewegung.

Trainingsmethoden wie Tai Chi, Chi Gong aber auch Kung Fu zielen daher direkt oder indirekt auf eine Vertiefung der Atmung ab, um möglichst viel Qi aus dem Universum aufzunehmen. Der Schwerpunkt der Atmung liegt auf Verlangsamung, Vertiefung und Absenkung zum unteren Dantian, das ist das Kraftzentrum im Nabelbereich. Hier steht es als Heil- und Abwehrenergie für viele Körperprozesse zur Verfügung.

ENTSPANNUNGS TECHNIK

ANTI STRESS ATMUNG

So einfach es auch klingen mag, aber das richtige Atmen ist tatsächlich eine der wirksamsten Entspannungstechniken. Wenn man lernt, seinen Atem zu kontrollieren, dann besitzt man schon ein sehr effektives Instrument für den Abbau von Anspannung. Normalerweise atmen wir nämlich bewusst flacher, sobald wir uns unter Druck gesetzt fühlen. Dadurch gelangt weniger Sauerstoff in den Blutkreislauf und damit auch weniger ins Gehirn, was wiederum Stress erzeugt. Der Blutdruck erhöht sich, die Herzfrequenz steigt und Anspannung entsteht. Durch tiefes gleichmäßiges Atmen kann das vermieden und dem Aufkommen von Stress entgegengesteuert werden.

DER TRAININGSABLAUF:

Leg oder setz dich, egal wo du bist, gemütlich hin. Leg eine Hand auf deinen Bauch und die andere auf deine Brust, circa zehn Zentimeter unter dem Hals. Atme nun langsam durch die Nase ein, durch den Mund wieder aus und achte darauf, dass sich die Hand auf deinem Bauch hebt und senkt, die Hand auf deiner Brust aber nicht bewegt wird. Somit stellst du deinen Körper auf die gesunde Bauchatmung ein. Ist das geschehen, beginne dann mit der Atementspannung. Atme nun ein und zähle dabei in deinen Gedanken langsam bis drei oder vier. Lass die Luft durch deine Nase tief in dein Inneres strömen. Jetzt kommt eine kleine Atempause, während der du wieder bis 2 oder 3 zählst und dabei den Atem anhältst. Danach atmest du langsam aus und zählst still bis drei oder vier. Löse beim Ausatmen deine Anspannung, indem du bewusst alle Muskeln locker lässt, dich tief und ganz fallen lässt und dir vorstellst, wie die Anspannung mit jedem Ausatmen aus deinem Körper ausströmt.

Nach einer kleinen Pause kannst du die Übung von vorne beginnen und ein paar Mal wiederholen, bis du dich ruhiger und entspannter fühlst.

Wirklich wichtig und ausschlaggebend für den Erfolg dieser Übung sind der gleichmäßige Rhythmus und das regelmäßige Trainieren.

Am besten integrierst du diese Übung in einen geregelten Ablauf, zum Beispiel könntest du es dir angewöhnen, dir immer dann, wenn du einen Stressmoment erlebst, zwei Minuten Auszeit zu nehmen und diese Übung durchzuführen. Zwei kurze Minuten, die in der Realität viel verändern können, wenn du sie dir wirklich nimmst.

ENTSPANNUNGS TECHNIK

UJJAYI ATMUNG

Die Ujjayi-Atmung kommt aus dem Yoga und kann auch als eigenständige Entspannungsatmung genützt werden. Yoga selbst ist eine indische philosophische Lehre, die eine Reihe geistiger und körperlicher Übungen beinhaltet.

Yoga stammt ursprünglich aus Indien, und der Mensch wird hier als ein Reisender im Wagen des materiellen Körpers gesehen. Der Wagen ist der Körper, der Kutscher der Verstand, die fünf Pferde sind die fünf Sinnesorgane, der Fahrgast ist die Seele, und das Geschirr heißt im Indischen eben Yoga. Ich verwende diese Atemübung aus dem Yoga sehr gerne, da sie sehr effektiv auf den Körper wirkt. Eine bestimmte Technik bewirkt das Verengen der Stimmritze, wodurch der Atem verlängert wird. Durch den größeren Widerstand wächst die Atemkraft, wodurch das Atemvolumen ebenso größer wird.

Du wirst den Atem als Rauschen in deiner Kehle verspüren und auch hören. Wenn du Ujjayi atmest, ist das nie ganz leise. Das Meeresrauschen, das du dabei erzeugst, geschieht durch eine leichte Verengung der Kehle während der Atmung und kommt nicht von deinen Stimmbändern. Durch diese intensive Atmung wird der Weg der Luft praktisch verlängert, da gleich viel Luft durch weniger Raum fließt. Filmliebhaber können dieses Geräusch zum Beispiel mit dem leisen Rauschen von Darth Vader in „Star Wars" vergleichen, der sich durch seine Maske hindurch fast genauso anhört.

DER TRAININGSABLAUF:

Setz dich aufrecht hin und atme tief und ruhig für eine Minute durch den Mund mit hörbarem Hauchlaut "haaaa" ein. Schließe dann deinen Mund und atme mit dem Hauchlaut weiter.

Spüre diesen Reibelaut mehr und mehr in deiner Kehle und in deiner Brust. Nimm ihn vielleicht auch in deinem Kopfraum wahr. Stell dir beim Ausatmen vor, du hauchst eine Glasscheibe an, aber lässt dabei den Mund vollkommen geschlossen. Beim nächsten Einatmen versuchst du dann diese Verengung beizubehalten. Übe Ujjayi anfangs am besten nur mit der Ausatmung und erweitere das Einatmen erst, wenn du dich dabei gut fühlst.

Es darf kein Hauch von Verspannung oder Anstrengung dabei sein und die Atmung sollte ohne Anstrengung ganz sanft fließen.

Achtung: Wenn du Probleme mit den Stimmbändern hast, übe bitte nicht die Ujjayi-Atmung, da es sonst zu einer Überanstrengung kommen kann.

ENTSPANNUNGS TECHNIK

LUNGENPUMPE

Die Lunge verdient unsere Aufmerksamkeit und Fürsorge. Ähnlich wie die Haut steht sie in ständigem, intensivem Kontakt mit der Umwelt und erbringt dabei Spitzenleistungen. Die Entspannungstechnik Lungenpumpe entspannt den Körper, während er mit einer Extraportion Sauerstoff versorgt wird.

DER TRAININGSABLAUF:

Ziehe dich an einen Ort zurück, an dem du für mindestens fünf Minuten ungestört bist. Schließ deine Augen und atme ein, während du in Gedanken bis zwei zählst. Dann halte die Luft an, zähle wieder bis zwei und atme NICHT aus.

Jetzt atmest du weiter ein – wieder nach demselben System. Luft anhalten, bis zwei zählen, weiter einatmen und bis zwei zählen. So lange, bis deine Lungen voll sind und du nicht mehr weiter einatmen kannst. Als Abschluss atmest du dann langsam durch den Mund aus.

Bleibe dann ruhig sitzen oder liegen und atme ein paar Mal ganz normal. Darauf startest du die gleiche Prozedur erneut. Das Ganze wird 3 bis 4 Mal wiederholt. Du wirst sehr schnell merken, wie Anspannung und Nervosität aus dem Körper verschwinden.

ENTSPANNUNGS TECHNIK

NASENSWITCH

Diese sehr interessante Atemtechnik macht uns den Atemkreislauf noch bewusster. Durch ein Einatmen und Ausatmen durch nur jeweils ein Nasenloch spüren und erleben wir die Atemzüge noch intensiver. Tiefes langsames Ein- und Ausatmen wird so zu einem absolut spannenden Erlebnis.

DER TRAININGSABLAUF:

Du sitzt auf einem bequemen Stuhl, beide Beine am Boden, der Rücken entspannt an der Lehne. Du schließt deine Augen, um dich voll und ganz auf den Strom des Atems konzentrieren zu können. Leg jetzt den Zeigefinger deiner rechten Hand ganz leicht auf deinen linken Nasenflügel und den Daumen deiner rechten Hand gleichzeitig ganz leicht auf den rechten Nasenflügel. Diese Position kommt dir vielleicht bekannt vor – du könntest dir jetzt ganz leicht deine Nase zuhalten, in dem du einfach Zeigefinger und Daumen zusammen drückst. Aber du berührst deine Nasenflügel nur leicht, sodass du durch beide Nasenlöcher noch einwandfrei Luft bekommst. Jetzt drückst du nur das rechte Nasenloch mit dem rechten Daumen fest zu und atmest tief und lange durch das linke Nasenloch ein. Fühle, wie die Luft durch die linke Nasenöffnung intensiv einströmt.

Nach der Einatmungsphase wechselst du die Druckseite und hältst dir jetzt die linke Nasenöffnung zu, während du die rechte offen lässt. Jetzt atmest du langsam und gleichmäßig durch die rechte Nasenseite aus und versuchst dabei gleichzeitig alles lockerzulassen und im Stuhl regelrecht einzusinken.

Wiederhole diesen Vorgang fünf Mal und beobachte danach, wie sich dein Atem vertieft hat und du entspannter wirst.

Du kannst vor der Übung entscheiden, mit welcher Nasenöffnung du beginnst, das heißt, du kannst auch zuerst mit der rechten Seite einatmen und links ausatmen.

ENTSPANNUNGS TECHNIK

SUMM-ATMUNG

Wenn Katzen schnurren, dann ist das auch eine Art von Summen. Sie schnurren, wenn sie sich wohl fühlen. Das Schnurren der Katze vibriert durch ihren ganzen Körper und auch du spürst es und fühlst dich in diesem Augenblick ebenfalls sofort wohl. Die feinen Schwingungen werden von deinen sensorischen Nerven in dein Gehirn weitergeleitet und führen dort zu ruhigeren Gehirnströmen. Das kann man sogar mit Hirnfrequenzmessungen nachweisen. Summen macht gute Stimmung und sorgt für gute Erinnerungen.

DER TRAININGSABLAUF:

Setze dich bequem hin und konzentriere dich ein paar Atemzüge lang auf deinen Atem. Nachdem du ein paar Mal ein- und ausgeatmet hast, lässt du die Atemluft beim Ausatmen mit einem summenden „Mmmmmm“ ganz langsam entweichen.

Das Summen kann solange dauern, bis du keinen Ton mehr hören kannst. Danach atmest du ganz normal ein und wiederholst die Summ-Atmung einige Male.

Folgende Fragen kannst du dir während dem Training stellen und dabei nachjustieren: Klingt der von mir erzeugte Summton klar? Kann ich die Kopfresonanzschwingungen spüren? Ist mein Gesichtsausdruck während des Summens „freudig“ und entspannt oder eher verkrampft?

Wichtig beim Summen ist das Spüren der Schwingung im Kopfbereich, das angenehme Wahrnehmen der Vibrationen und eine tiefe Bauchatmung.

ENTSPANNUNGS TECHNIK

RELAXATION RESPONSE

Relaxation Response heißt das Stressmanagementsystem des amerikanischen Arztes Herbert Benson. Ausgehend von der Erkenntnis, dass psychische Anspannung den Blutdruck steigen lässt, entwickelte er in den 1960iger Jahren Techniken, mit denen organische Vorgänge willentlich gesteuert werden können. Er übernahm und kombinierte aus verschiedenen Kulturen Rituale und Übungstechniken, die eine Reaktion im Organismus hervorrufen, zu seiner Methode Relaxation Response. Die beiden wesentlichen Punkte sind kontrollierte Tiefenatmung und Fokussierung der Gedanken, zum Beispiel durch permanente Wiederholung eines Wortes, einer Phrase oder eines Tones.

Durch eine Entspannungsreaktion werden langfristig sowohl die Biochemie des Körpers verändert, als auch eine Blockade gegen die negativen Wirkungen des Stresshormons Noradrenalin auf Blutdruck und Herzfrequenz errichtet. Im psychischen Bereich bewirkt Relaxation Response eine Verminderung von Angst, von depressiven Zuständen sowie der Bereitschaft zu Ärger und Feindseligkeit.

DER TRAININGSABLAUF:

Die Entspannungsreaktion ist einfach und leicht zu erlernen. Sie lässt sich in zwei Schritten erklären: Man wählt als geistigen Fokus ein Wort, einen Laut, ein Gebet, einen Satz oder auch eine Körperbewegung und wiederholt diesen circa 10 bis 20 Minuten lang. Wenn währenddessen ablenkende Gedanken auftreten, bewertet man dies nicht, sondern schenkt ihnen keine Beachtung und lenkt die Aufmerksamkeit sanft aber bestimmt und ohne jeden Zwang immer wieder auf diesen Fokus zurück.

1. Als Fokus der Aufmerksamkeit wählt man entweder einen Begriff, oder man konzentriert sich einfach auf den Atemfluss.
2. Die Sitzhaltung sollte ruhig und bequem sein.
3. Die Augen werden geschlossen.
4. Dann versucht man, die Muskeln zu entspannen.
5. Jetzt lenkt man die Aufmerksamkeit auf den natürlichen Atemfluss, ohne diesen zu beeinflussen und wiederholt den zuvor gewählten Begriff bei jedem Ausatmen.

6. Die Einstellung sollte weder aktiv noch bewertend sein. Wenn man bemerkt, dass die Gedanken abschweifen, lenkt man sie einfach wieder auf den Fokus zurück.
7. Nach dieser Methode sollte man jeweils 10 bis 20 Minuten trainieren.
8. Diese Übung führt man über einen längeren Zeitraum ein- bis zweimal pro Tag durch.

BIOFEEDBACK-TECHNIKEN

WAS SIND BIOFEEDBACK-TECHNIKEN?

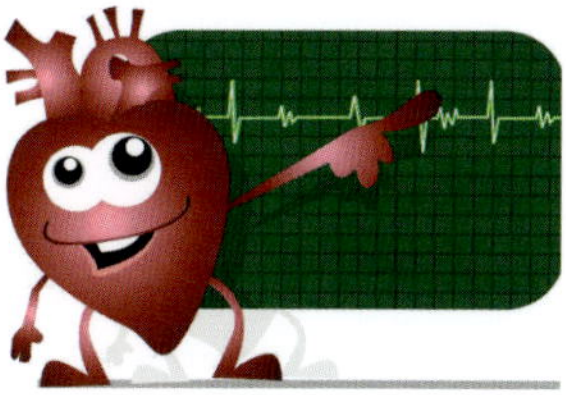

Der Begriff Biofeedback setzt sich zusammen aus dem altgriechischen Wort Bios für Leben und dem englischen Wort Feedback für Rückmeldung.

Biofeedback kannten auch schon die Yogis im alten Indien, wenn sie ihren Blutdruck und ihre Herzfrequenz nur durch die Kraft der Konzentration beeinflussten. Biofeedback mit dem Computer ist die moderne Variante alter Techniken zur Kontrolle vegetativer Funktionen, automatisch ablaufender innerkörperlicher Vorgänge, die wir nicht mit unserem Willen kontrollieren.

Biofeedback ist ein wissenschaftlich fundiertes Verfahren, mit dessen Hilfe normalerweise unbewusst ablaufende psychische und physische Prozesse durch Rückmeldung wahrnehmbar gemacht werden. Das heißt, man sieht plötzlich Abläufe ganz bewusst, über die man sich sonst eigentlich keine Gedanken macht, da sie automatisiert sind. Dazu werden unbewusst ablaufende Körperfunktionen wie Atemfrequenz, Gehirnfrequenz, Herzfrequenz, Blutdruck, Hautwiderstand, Körpertemperatur und Muskelspannung mit Sensoren auf der Haut gemessen und entweder mit Bildsignalen sichtbar oder über akustische Signale hörbar gemacht. Wir können auf diese Weise sofort sehen oder hören, wie unser Körper reagiert.

Durch Biofeedback sehen wir, dass schon kleinste mentale Veränderungen auch sichtbare Auswirkungen auf unseren Körper haben. Zum Beispiel können Stress und Entspannung auf mentaler Ebene sehr gut an den Hautleitwerten und der Temperatur erkannt werden. Atmung und Muskelanspannung machen körperliche Anforderungen sofort sichtbar. Mithilfe des Biofeedbacks können also die biologischen Prozesse im

Körper durch die entsprechenden Sensoren registriert und in grafischer Form weiterverarbeitet und ausgewertet werden. Biofeedback funktioniert in gewisser Weise also so ähnlich wie ein Fieberthermometer.

Das Lernen durch Biofeedback zeigt uns, wie wir uns fühlen, wenn wir beispielweise entspannt oder konzentriert sind. Dieser Vorgang verstärkt unser Wissen, dass wir selbst aktiv etwas zur Entspannungsförderung beitragen können.

Bei einer Messung zum Beispiel der Muskelspannung oder des Pulses können die Messergebnisse als Kurve auf dem Computerbildschirm dargestellt werden. Verändert sich die Muskelspannung oder der Puls, dann verändert sich auch die dazu passende Kurve. Indem wir den Zusammenhang zwischen Denken und Fühlen und Körperreaktionen am Computer sichtbar und messbar machen, sind wir auch in der Lage, anhand dieser Bilder und Töne unsere Körperfunktionen bewusst auf Entspannung hin zu lenken. Weiters hilft das Training dabei, ein besseres Körperbewusstsein zu entwickeln.

Der klassische Lernprozess beim Biofeedback wird in folgende Schritte eingeteilt:

1. Die normalerweise unbewussten Veränderungen vegetativer Funktionen werden sichtbar. Zum Beispiel beim Beobachten, wie sich die Kurve verändert und man als Übender diese eigene Veränderung aktiv bemerkt. Der Übende lernt anhand der Rückmeldung über das Gerät seine eigenen veränderten Funktionen wahrzunehmen. Dadurch wird es für viele erst möglich, den eigenen Entspannungszustand zu erkennen und zu verstärken.
2. Das Trainingsziel, wie zum Beispiel erhöhte Entspannung, kann mehrere Sitzungen lang eingeübt werden. Im Gehirn wird so die positive Erinnerung eines Erfolges gespeichert. Man experimentiert und übt immer wieder, wie die eigene Entspannungskurve verändert und bewusst gesteuert werden kann.
3. Der Schwierigkeitsgrad steigt bei jedem Training etwas an. Das Wissen, dass ich, wenn ich will, tief entspannen kann und es auch spüre, hilft dabei, einen immer besseren, positiveren Erfolg zu bewirken. Das Übertragen und Anwenden der erlernten Techniken auf Alltagssituationen findet dann nach den Übungseinheiten statt.

Zusammenfassend ist Entspannung erkennbar, wenn es uns gelingt, die Temperatur zum Steigen und den Hautleitwert zum Sinken zu bringen, wobei die Temperatur tendenziell körperliche Entspannung und der Hautleitwert emotionales und mentales Entspannen widerspiegeln.

Bei Entspannung verringert sich die Schweißdrüsenaktivität, es entsteht dadurch ein niedriger Hautleitwert und die äußeren Blutgefäße weiten sich, die Temperatur steigt also. Durch die Darstellung des Hautwiderstandes und der Körpertemperatur durch Biofeedback können Erkenntnisse über unseren inneren Zustand gewonnen werden. Der beschwerliche und langwierige Weg zur Entspannung kann damit wesentlich verkürzt und erleichtert werden.

Biofeedback bedeutet keinesfalls die Abhängigkeit von einem elektronischen Gerät, sondern bietet die außergewöhnliche Möglichkeit, durch Selbstkontrolle eine langfristige Zustandsveränderung zu erreichen. Biofeedback kann die kreativen Möglichkeiten mentaler Prozesse anregen und fördern.

ENTSPANNUNGS TECHNIK

FINGERPULS FEEDBACK

Wo auch immer du dich befindest, es ist wichtig, dabei für drei Minuten vollkommen ungestört zu sein.

DER TRAININGSABLAUF:

Leg die Hände so zusammen, dass alle Fingerkuppen sich berühren und Kontakt zueinander haben. Es berühren sich nur die Kuppen, nicht die Handflächen. Teste und verändere den Druck der Fingerkuppen aufeinander so lange, bis du an deinen Fingerspitzen den Puls erkennen und fühlen kannst. Schließe jetzt deine Augen und konzentriere dich auf deinen Puls. Beginn nun tief, ruhig und gleichmäßig zu atmen, tief mit der Nase einatmen und langsam intensiv mit der Nase auch wieder ausatmen.

Beobachte und spüre den Puls während deiner tiefen entspannten Atmung immer deutlicher und merke, wie er sich verlangsamt. Kannst du diese Veränderung wahrnehmen, dann spüre, wie sich diese Ruhe im gesamten Körper ausbreitet. Der Puls ist die Feedback-Kontrolle, ob sich in deinem Körper wirklich etwas verändert.

NEUROFEEDBACK

Neurofeedback Training ist eine Anwendung des Biofeedbacks, basierend auf der Elektroenzephalografie, kurz Gehirnstrommessung oder EEG.

Mit Neurofeedback lernen Menschen, bestimmte neurologische und psychische Vorgänge im eigenen Körper selbst zu kontrollieren und zu verändern. Dafür werden Elektroden am Kopf angebracht und die elektrische Aktivität des Gehirns gemessen. Durch dieses Neurofeedback Training lernt das Gehirn in relativ kurzer Zeit die Gehirnwellen zu erhöhen, die je nach Trainingsziel für Konzentration, Aufmerksamkeit oder auch Entspannung notwendig sind. Die Trainingsperson erhält ein ständiges Feedback auf einem Bildschirm über normalerweise unbewusste Gehirnaktivitäten. Ziel ist es, das Signal, welches auf einem Bildschirm gezeigt wird, zu verändern, indem man verschiedene mentale Strategien benützt. Durch Belohnungen in Form von Wettkampfpunkten zum Beispiel kann man sich verbessern und bekommt sofort Rückmeldung, ob bestimmte Gehirnfrequenzen beeinflussen wurden.

Warum funktioniert dieser Ansatz?

Das erhöhte Auftreten von zum Beispiel α-Wellen (Alpha-Wellen) im Gehirn weist allgemein auf einen entspannten Gesamtzustand des Menschen hin. Beim Neurofeedback ist dann, wenn Entspannung trainiert wird, genau das Ziel, diese α-Wellen zu erhöhen. Das Besondere ist, dass im Neurofeedback Training der Übende eine sofortige Rückmeldung erhält und somit direkten Einfluss auf die Hirnstromaktivität nehmen kann, was normalerweise gar nicht möglich ist. Die Gehirnfrequenzen können somit bewusst je nach Plan reduziert oder verstärkt werden. Bei Entspannung ist das Ziel meistens eine Förderung von Alpha-Wellen. Ein verstärktes Auftreten des Alpha-Rhythmus wird mit einem Zustand von Entspannung beziehungsweise entspannter Wachheit in Verbindung gebracht. Dadurch entsteht ein Gefühl von Gelassenheit und innerer Ruhe. Wenn andere Frequenzbereiche trainiert werden, wie zum Beispiel der Beta- oder SMR-Bereich, werden dadurch auch andere Bewusstseinszustände wie etwa die Konzentration gefördert.

Dem Neurofeedback möchte ich hier keine große Aufmerksamkeit mehr schenken, da es für dich nicht allein trainierbar ist, sondern du dafür einen ausgebildeten Neurofeedbacktrainer brauchst, der mit dir trainiert. Bei uns im Horeth-Institut bieten wir im eigenen Neurofeedback-Labor ein professionelles Training dazu an.

DIE KREATIVEN TECHNIKEN

Das Wort Kreativität geht auf das lateinische Wort „creare" zurück, was so viel bedeutet wie etwas neu schöpfen, erfinden, erzeugen oder herstellen.

Kreativ zu sein bedeutet, die Dinge von einem neuen Blickwinkel aus zu betrachten, neue fremde Zusammenhänge herzuleiten, eine etwas andere Form der Darstellung zu wählen oder etwas komplett Neuartiges zu erfinden.

Nach Auffassung von Kreativitätsforschern sind alle Techniken sinnvoll, mit denen wir neue Denk- und Lösungsstrategien trainieren. Um das zu erreichen, müssen wir bereit sein, Dinge miteinander zu kombinieren, die eigentlich nicht zusammen passen. Das ist auch mein Ansatz bei kreativen Entspannungsmethoden. Einerseits wirst du gleich einige davon kennenlernen, andererseits entsteht in dir sicherlich durch das Beschäftigen mit dem Thema die eine oder andere neue Idee für eine für dich tolle Entspannungstechnik. Wer schon viel ausgetestet hat, sich schon die Standardmethoden angeeignet hat oder einfach ein Typ ist, der gerne Neues ausprobiert, sind einige dieser kreativen Techniken sicherlich eine interessante Erfahrung.

Kreativität ist ein Mittel, um zu besseren Resultaten zu gelangen und kann eine entscheidende Voraussetzung für jede Form von Innovation sein.

Voraussetzung für kreative Entspannungstechniken:

- Das Schubladendenken verlassen, das Gewohnheitsdenken ablegen und die Entspannungsmöglichkeiten aus einer neuen Sicht betrachten
- Überholte Denkstrukturen durchbrechen und herrschende Routinen in Frage stellen
- Ständiges immer wieder neues Austesten interessanter innovativer Relax-Techniken

MR. BRAIN
Wissenschaft für jedermann

DER KREATIVE KOPF

Aus der Sicht der modernen Neurobiologie kann man Kreativität laut Prof. Holm-Hadulla, einem deutschen Psychiater, als „Neuformation von Informationen" definieren. Das heißt, um Informationen neu kombinieren und verarbeiten zu können, müssen sie neuronal gespeichert sein, also durch Lernen im Gedächtnis vorhanden sein.

Kreativität beruht auf der Fähigkeit, die Lücke zwischen sinnvoll miteinander verbundenen oder logisch aufeinander bezogenen materiellen und nichtmateriellen Gegebenheiten durch Schaffung von Sinnbezügen mit bereits Bekanntem oder auch durch Fantasie auszufüllen.

ENTSPANNUNGS
TECHNIK

SMILE-TECHNIK

Laut einer Studie von Psychologen der University of Alaska hat es einen positiven Effekt auf unsere Stimmung, wenn wir uns selbst im Spiegel anlächeln. Wenn wir ohne Spiegel lächeln, ist der Effekt ebenso, jedoch schwächer. Wichtig dabei ist, dass unser Gehirn sich nicht austricksen lässt und das Lächeln echt sein muss. Folgende positive Nebeneffekte bewirkt ein ehrliches Lächeln in unserem Körper:

- Erhöhter Sauerstoffaustausch
- Anregung der Durchblutung
- Verbrennen von Cholesterin
- Sinken des Blutdrucks
- Kräftigung des Herz-Kreislauf-Systems
- Sinken der Schmerzsensibilität
- Abbau von Stresssymptomen

Im Gehirn wird durch das Lachen unser limbisches System aktiviert und das Glückshormon Dopamin ausgeschüttet. Bei der „Smile-Technik" bedienen wir uns eines interessanten Phänomens namens Embodyment. Einfach formuliert: Wenn wir aufgrund einer angenehmen Situation lächeln, dann entspannt sich unser Körper. Psychische Zustände wirken sich auf unsere Mimik und Körperhaltung also aus. Empfinde ich Freude, gehen die Mundwinkel nach oben, die Schultern werden aufgerichtet und die Atmung ist tief.

Umgekehrt hat unsere Körperhaltung auch einen Einfluss auf unsere Stimmung. Wenn ich mich gebückt, mit hängenden Schultern und nach unten gerichteten Mundwinkeln hinstelle, drückt das gleichzeitig meine Stimmung, weil der Körper diese Haltung ja bereits als Auswirkung von Enttäuschung und Leid kennt. Es ist fast nicht möglich, in dieser Haltung ein positives glückliches Gefühl zu entwickeln. Das Embodyment besagt, dass, wenn du in negativen Momenten deine Körperhaltung bewusst so änderst, als ob es dir gut und entspannt gehen würde, dein Körper automatisch reagiert: Du fühlst dich daraufhin so, wie wenn es dir gut geht, und das verbessert wiederum deine Stimmung. Klingt unglaublich, aber am besten probierst du es einfach mal aus.

DER TRAININGSABLAUF:

Die positiven Auswirkungen des Lächelns kannst du also auch dann spüren, wenn dir nicht zum Lachen zumute ist.

Wenn du im Stress bist, nimmst du dir nun 2 bis 3 Minuten Zeit und beginnst, auch wenn es dir schwer fällt, einfach zu lächeln. Du sagst deinen Gesichtsmuskeln einfach, was zu tun ist, und du verziehst dein Gesicht zu einem „Smile". Vielleicht ist dieser am Anfang künstlich und komisch, aber das macht gar nichts. Durch das Anheben der Wangenmuskeln bekommt dein Gehirn ein Signal, das es dazu bringt, Glückshormone freizuschalten. Diese Hormone verbreiten sich sehr rasch in deinem Körper und geben dir ein Gefühl der Entspannung und der inneren Ruhe. Wichtig ist: Halte mindestens zwei Minuten durch, bis du spürst, wie dein Lächeln intensiver wird und du immer entspannter!

ENTSPANNUNGS TECHNIK

COLOUR-RELAX

Farben lösen bei Menschen Assoziationen und Gefühle aus. Wenn wir zum Beispiel im Supermarkt einkaufen, sehen wir auf Verpackungen von Diätprodukten oft dezente Blautöne, weil Hellblau mit Leichtigkeit verbunden wird.

Firmen setzen auch oft schon auf Farbkonzepte in den Büroräumlichkeiten. Die Mitarbeiter können je nach Stimmung einen Farbraum ihrer Wahl aufsuchen. Zum Beispiel einen Raum in Blau, wenn sie sich konzentrieren möchten, oder einen in Gelb zum Brainstorming.

Farbforscher kennen für jede Stimmung die genauen Farbnuancen. Wohltuende Entspannung ist überwiegend warmtonig gefärbt und beinhaltet die Farbtöne Orangerot und Gelbgrün und immerhin rund 35 Prozent Teichgrün bis Himmelblau.

Grüne Farbmischungen könnten interessante Wirkungen auf uns haben, folgende werden immer wieder gerne erwähnt:

Grün hilft Körper und Seele ins Gleichgewicht zu bringen, wirkt regenerierend und harmonisierend, fördert Ruhe, wirkt erholsam und vitalisierend, beruhigt die Nerven, fördert Ausgeglichenheit und bringt Harmonie ins Leben.

DER TRAININGSABLAUF:

Leg oder setz dich entspannt hin und schließe deine Augen. Atme entspannt ein und entspannt aus, regelmäßig, mit tiefer Bauchatmung und lass dabei das Belastende aus dem Körper ausströmen. Konzentriere dich nun auf verschiedene Farben: Dunkelgrün – Grün mit etwas Gelb – Grün mit etwas Orange – Hellgrün – Grün mit etwas Blau – Himmelblau. Stelle dir die jeweiligen Farben so intensiv leuchtend wie möglich vor deinem geistigen Auge vor. Wenn dir die Vorstellung des Farbtones schwer fällt, dann stelle dir eine Landschaft oder einen Gegenstand vor, wo diese Farbe vorkommt und konzentriere dich, sobald du die Farbe sehen kannst, nicht mehr auf die Umgebung, sondern Schritt für Schritt nur noch auf die Farbe.

Nachdem du dich einige Minuten auf deine Entspannungsfarben fokussiert hast, kannst du langsam die Augen wieder öffnen und das entspannte Gefühl mitnehmen.

ENTSPANNUNGS TECHNIK

WAHRNEHMUNGSLENKUNG

Wenn du gestresst bist, bietet die Wahrnehmungslenkung eine gute Möglichkeit, vom Stressmoment gedanklich wegzukommen. Große Anspannung und Stress lenken die Aufmerksamkeit zu 100 Prozent auf das Problem, und man hat ständig den Stressauslöser im Kopf und kommt nicht davon weg. Fokussierung im Notfall ist ein natürliches Reaktionsmuster des Menschen, kann uns aber in einigen Momenten nicht viel weiterhelfen, vor allem dann, wenn wir nichts daran ändern können und es sich um keine lebensbedrohliche Situation handelt. Die Wahrnehmungslenkung hilft dir, die Aufmerksamkeit vom Stressor und von der Stressreaktion wegzuführen und dich zu beruhigen, um klare Gedanken fassen zu können.

DER TRAININGSABLAUF:

Du bemerkst, dass du momentan im Stressmoment bist und beginnst nun mit der Technik der Wahrnehmungslenkung dagegen zu arbeiten. Richte für einen kurzen Moment deine Wahrnehmungen auf deinen Körper. Wie fühlst du dich gerade, wo stehst du, was siehst du, wie sieht die Umgebung aus?

Jetzt beginnst du bewusst aus dem Fenster zu schauen, eine Kleinigkeit zu essen oder zu trinken und einen positiven Gedanken zu verfolgen. Du kannst ebenso komplizierte Bewegungsabläufe machen, wie etwa einen imaginären Golfschlag, Tennisaufschlag oder einen Pianisten nachahmen.

Dann kannst du die ganze Aufmerksamkeit auf etwas Positives richten und es genießen wie ein kleines Stück Schokolade, Blumen, ein schönes Bild etc. Folgender Ablauf könnte für dich wirkungsvoll sein:

1. Leg eine Liste mit positiven Wahrnehmungen und Aktivitäten an, die du in einer kurzen Pause umsetzen kannst.
2. Wenn du beobachtest, dass du dringend eine nervliche Erholungspause brauchst, wählst du eine Wahrnehmung oder Aktivität aus.
3. Genieße jetzt diese Wahrnehmung oder Aktivität so gut wie möglich. Konzentriere dich bewusst nur auf diese eine Sache.
4. Beende deine Gedankenpause mit einem Lächeln und gehe wieder mit frischer Kraft an die Arbeit.

ENTSPANNUNGS
TECHNIK

SHIATSU TO GO

Shiatsu bedeutet Fingerdruck und ist in der fernöstlichen Philosophie und Heilkunde verwurzelt. Von Japan aus hat es sich im Westen verbreitet und eigenständig weiterentwickelt. Die Lebensenergie, das japanische „Ki“, ist der Motor des Lebens. Shiatsu berührt und unterstützt die Anbindung an diesen Lebensstrom. Shiatsu dient der Entspannung und regt die Lebensenergie an, wirkt gegen Alltagsstress und hilft in Krisen. Es unterstützt die Selbstheilungskräfte und kann bei vielen Beschwerden und Symptomen eine Hilfe sein.

Einfache, kleine Shiatsu Übungen zum Selbermachen nenne ich „Shiatsu to go" – sie können dir helfen, dich auf natürliche Weise zu entspannen.

DER TRAININGSABLAUF:

Leg die Finger deiner linken Hand auf die Unterseite deines rechten Handgelenkes. Massiere nun mit deinen Fingerspitzen diese Stelle gegen den Uhrzeigersinn 15 bis 20 Sekunden lang. Danach wechselst du die Hand und massierst die Unterseite deines linken Handgelenks auf die gleiche Art und Weise.

ENTSPANNUNGS TECHNIK

DUFTENTSPANNUNG

Das Riechen spielt beim Relaxen eine große Rolle. Düfte beruhigen und bringen den Kopf auf andere Gedanken. Schon vor Tausenden von Jahren nutzten die Menschen die positive Wirkung duftender Pflanzenstoffe. Mittlerweile ist wissenschaftlich belegt, dass ätherische Öle auf das zentrale Nervensystem einwirken und damit unsere Stimmung positiv beeinflussen können. Einige dieser pflanzlichen Duftstoffe beruhigen, andere wieder regen Körper und Geist an. Der Mensch bewertet Düfte aus seiner Erinnerung. Sein Duftgedächtnis löst Empfindungen aus, die der Verstand nicht kontrollieren kann.

Die Wissenschaft weiß, dass 70 Prozent der Gefühlswerte durch Düfte gesteuert werden. Das Limbische System im Gehirn wird angeregt und überträgt diese angenehmen Empfindungen auf psychische und neurologische Prozesse. Dieser Vorgang trägt dazu bei, dass wohlige Gefühle entstehen.

Durch Düfte, die uns ansprechen, können wir also ganz bewusst unsere Stimmung steigern. Dabei ist ein bisschen Detektivarbeit gefragt, denn da wir alle eine bestimmte „Geruchssympathie" haben, reagieren wir ganz unterschiedlich auf Düfte. Manche Düfte mag man sofort, andere kann man einfach nicht riechen. Hilfreich ist, was gefällt und entspannt. Nur die Düfte, die wir selbst als angenehm empfinden, können unser Wohlbefinden steigern.

DER TRAININGSABLAUF:

Folgende Düfte wirken auf uns entspannend, lindern Stress und bringen Beruhigung. Teste am besten in einem Geschäft, in dem ätherische Öle erhältlich sind, welcher dieser Düfte eine angenehme Wirkung auf dich hat. Dann kannst du sie in Form von kleinen Fläschchen bei dir tragen und in Stressmomenten die Augen schließen, ein paar Minuten an deinem Entspannungsduft riechen und die beginnende Entspannung fühlen.

Holzduft:	*entspannend, harmonisierend*
Baldrian:	*schlaffördernd, beruhigend*
Basilikum:	*schlaffördernd, stimmungsaufhellend*
Bergamotte:	*harmonisierend, stimmungsaufhellend*
Eichenmoos:	*schlaffördernd, erhebend,*
Geranie/Geranium:	*Anti-Stress, ekstatisch*
Heublumen:	*erholend, beruhigend*
Hopfen:	*schlaffördernd, entspannend*
Kamille:	*beruhigend, entspannend*
Lavendel:	*entspannend, stressbefreiend*
Mairose:	*entspannend, sinnlich*
Majoran:	*nervositätslindernd, stressbefreiend*
Melisse:	*beruhigend, stimmungsaufhellend*
Muskatellersalbei:	*harmonisierend, stressbefreiend*
Orange:	*beruhigend, ausgleichend*
Oregano:	*nervositätslindernd, beruhigend*
Rose:	*stressbefreiend, stimmungsaufhellend*
Sandelholz:	*entspannend, stimmungsaufhellend*
Vanille:	*harmonisierend, entspannend*
Zimtrinde:	*entspannend, krampflösend*

ENTSPANNUNGS
TECHNIK

THYMUSDRÜSE

Die Thymusdrüse ist eine Drüse, die Hormone produziert, die für die Steuerung und Reifung von Immunzellen in den Lymphknoten verantwortlich sind. Somit hat sie eine wichtige Funktion innerhalb unseres Immunsystems und ist damit bei der Abwehr von Krankheiten von Bedeutung. Stress schwächt die Thymusdrüse, von der man lange Zeit dachte, dass sie nur für Kinder wichtig ist, weil man bei Erwachsenen nur zurückgebildete Reste der Drüse vorfand. Genau diese „Überbleibsel" können stimuliert werden. Ein gestärkter Thymus schüttet wichtige Botenstoffe aus, die zur Stärkung der Immunabwehr und des Wohlbefindens und Entspannens beitragen.

DER TRAININGSABLAUF:

Sitzend, liegend oder stehend kannst du beginnen, deinen Kopf gerade zu halten und die Augen auf einen Punkt zu fixieren. Klopfe jetzt im regelmäßigen Takt mit einer Hand auf den oberen Teil des Brustbeins. Bei Erwachsenen liegt die Thymusdrüse etwa 5 cm unterhalb der Stelle, an der die beiden Schlüsselbeine mit dem Brustbein verbunden sind. Klopfe mit der Stärke, die dir angenehm ist, circa 30 bis 60 Sekunden lang. Bald wirst du tief Luft holen müssen, was bereits ein Zeichen körperlicher Entspannung ist.

Man ist nach dem Klopfen wieder konzentriert, aktiviert, gelassener und hellwach. Das Klopfen baut Stress ab. Als Verstärker der Übung legst du während dem Klopfen zusätzlich deine Zunge hinter die oberen Zähne an den Gaumen und hältst sie dort ebenso circa eine Minute lang.

ENTSPANNUNGS
TECHNIK

DIE LIEGENDE ACHT

Für eine schnelle Anti-Stress Übung gibt es eine sehr einfache Methode, die du im Sitzen ganz nebenbei während anderer Tätigkeiten ausüben kannst. Mit den Armen oder dem ganzen Körper liegende Achten zu schwingen sorgt für eine Verbindung der rechten mit der linken Gehirnhälfte. Diese Aktivierung der Gehirnbrücke fördert die Konzentration und wirkt entspannend.

DER TRAININGSABLAUF:

Man setzt sich entspannt und möglichst aufrecht auf einen Hocker oder Stuhl. Der Blick ist geradeaus in die Ferne gerichtet. Nun stellt man sich die eigene Nase oder auch die ausgestreckte Hand mit Zeigefinger als Pinsel vor, mit dem liegende Achten gemalt werden. Wird der Kopf in die Bewegung mit einbezogen, so fördert das auch die Entspannung im Schulter- und Nackenbereich. Wem leicht schwindlig wird, der malt imaginäre Achten, ohne das Gesicht zu bewegen. Noch entspannender ist die Übung mit geschlossenen Augen. Dabei rollen dann lediglich die Augen, um die Acht zu formen. Menschen, die ständig am Bildschirm arbeiten, sollten immer mal wieder eine kurze Pause mit liegenden Achten einschieben.

DIE MUSIK-TECHNIKEN

WIE WIRKEN MUSIK-TECHNIKEN?

Vielen Menschen war bisher weniger bekannt, dass Musik medizinisch wirksam ist und zur Förderung unserer Gesundheit beitragen kann. Durch die Möglichkeit, starke emotionale Empfindungen hervorzurufen, verband man Musik schon in der früheren Geschichte mit Wohlbefinden. Bis in die Frühantike hinein vertrieb der Mensch Geister und Dämonen durch das gezielte Versetzen in einen tranceartigen Zustand mittels Musik. In der klassischen Antike war man überzeugt, dass kranke Menschen durch die Hilfe von Musik wieder zu seelischer innerer Ruhe finden würden.

Heutzutage gibt es eine Fülle an sehr interessanten Untersuchungen, die die Auswirkungen von Musik auf unser Gehirn beweisen und darstellen. Basis der Erkenntnisse der Musikforschung ist, dass, wenn unser Gehirn Musik wahrnimmt, unterschiedliche Gehirnstromwellen erzeugt werden. Diese Gehirnstromwellen haben klare Auswirkungen auf unsere Gefühle. Musik selbst löst in den wesentlichen Gehirnbereichen ein Belohnungsverhalten aus, bei dem es zu einem biochemischen Ablauf kommt. Bei diesem Ablauf im Gehirn bewirkt Musik die Ausschüttung von Botenstoffen, die für das Entstehen von Endorphinen, den körpereigenen Glückshormonen, verantwortlich sind.

Musik kann man auch als eine andere Sprache unseres Gehirns sehen, die in akustische Klangmuster unterteilt ist. Wir Menschen nehmen diese Klänge wahr, indem wir ihre Struktur analysieren. Melodie, Rhythmus, Harmonie, Töne, Instrumente und Stimmen wirken auf uns und lösen Emotionen aus.

Wenn wir Musik zur Entspannung hören, werden unsere Muskeln gelockert und unser kompliziertes Denken beruhigt. Unsere Gedanken, die innere Stimme und logische Erkenntnisse der linken Gehirnhälfte werden zu einem leisen Flüstern, später dann sogar vollkommen ruhig. Unser Herz kommt zur Ruhe und unser Körper entspannt sich vollkommen. Angenehme Musik führt zu einem Zustand, der das genaue Gegenteil von Stress beschreibt. Erst in diesem Zustand kann sich unser Körper zu erholen beginnen.

DAS MUSIKWUNDER MOZART

Wenn man aus einem zusammengefaltetes Stück Papier bestimmte Formen ausschneidet und das Blatt dann wieder auffaltet – welches Muster entsteht dann auf dem Papier? Diese Aufgabenstellung ist ja an sich noch nichts Außergewöhnliches und soll die Fähigkeit zum räumlichen Denken anregen.

Dass aus so einer Aufgabe eine der interessantesten Entdeckungen der Musikforschung wurde, wussten die Psychologin Frances Rauscher und der Physiker und Neurobiologe Gordon Shaw zu Beginn ihres Experimentes noch nicht.

Genau die gleiche Aufgabe bekam eine Gruppe von Teststudenten, und es wurde gemessen, wie gut und schnell ihr räumliches Denken war. Dann wiederholte man die Aufgabe und veränderte die Testbedingungen. Einer Gruppe der Studenten spielte man vorher zehn Minuten lang Mozarts D-Dur-Sonate für zwei Klaviere vor. Eine zweite Gruppe wurde nicht beschallt, während eine dritte Gruppe unterschiedliche Musikrichtungen zu hören bekam. Das unfassbare Ergebnis dieses Test war Folgendes: Die Gruppe, die verschiedene Klänge hörte, verbesserte ihre Leistung um 11 Prozent und die „stille“ Gruppe um 14 Prozent. Die Sensation waren aber die Mozart-Hörer, die mit einer um 62 Prozentpunkte gestiegenen Genauigkeit als beim ersten Durchgang voraussagten, welches Muster das Papier haben würde.

Als geborener Salzburger bin ich natürlich mit Mozart groß geworden. Heute denke ich mir, wenn ich im Sommer in der Getreidegasse – mit dem weltbesten Eis aus der berühmten „Eisgrotte“ in der Hand – an Mozarts Geburtshaus vorbeispaziere und die vielen tausenden Touristen sehe, die gestresst mit ihren Fotokameras herumknipsen, dass die Musik von Mozart sie wohl mehr entspannen würde als ein hektischer Blick in sein ehemaliges Schlafzimmer. Leider wissen die meisten noch immer nicht Bescheid über die nachgewiesene Wirkung des Salzburger Genies. Magnetische Resonanzbilder des Gehirns in der Kernspintomographie zeigten an, welche Teile des Gehirns einer Testperson aktiv waren, während er Mozart, 30er-Jahre-Musik oder »Für Elise« von Beethoven zu hören bekam. Wissenschaftler fanden heraus, dass jede Musik den Teil unseres Gehirns aktiviert, in dem Töne verarbeitet werden – wenn die Versuchspersonen jedoch Mozart hörten, leuchtete die gesamte Großhirnrinde auf. Die Großhirnrinde ist die äußere Schicht des Großhirns, die voll von Nervenzellen ist. Ein wesentlicher Grund dieser Aktivierung ist der Faktor, wie oft die Lautstärke der Musikstücke innerhalb bestimmter Zeiträume anstieg oder abfiel.

Mozarts Musik wies am häufigsten einen sogenannten Laut-Leise-Zyklus von dreißig Sekunden auf und entsprach damit einem Grundmuster unserer Gehirnwellen.

MUSIK MACHT GLÜCKLICH

Wissenschaftliche Experimente zeigen im Hirnscanner, dass bei den Musikliebhabern bereits einige Sekunden vor dem größten Wohlgefühl eine verwandte Hirnstruktur, der Nucleus caudatus, mit einem noch größeren Dopamin-Glückshormon-Ausstoß bedacht wurde. Diese Region ist für Erwartungshaltungen verantwortlich, etwa wenn uns beim Duft von Essen das Wasser im Mund zusammenläuft. So wie Schokolade die menschlichen Vorlieben für Zucker und Fett befriedigt, kann Musik ein akustischer Eindruck sein, der Glücksgefühle auslöst und innere Ruhe und Wohlgefühl bringt.

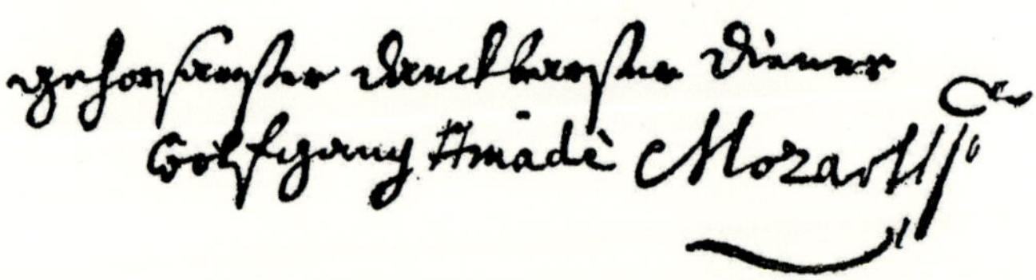

Wolfgang Amadeus Mozart,

geb. 27. Januar 1756 in Salzburg,

gest. 5. Dez. 1791 in Wien.

Musik kann also beim Hörer Gänsehaut auslösen oder ihn zum Träumen und Nachdenken anregen. Die passende Musik kann uns helfen, von einem weniger erwünschten psychischen Zustand in einen erwünschten zu wechseln. So hilft Musik beim Entspannen, wenn man angespannt und im Stress ist, oder macht dich mutig, wenn du ängstlich oder unsicher bist. Als wichtige Eigenschaft hat Musik auch noch die Fähigkeit, bestehende Emotionen zu erhöhen. Sie kann zum Beispiel Freude und Glücksgefühle verstärken bis hin zu Rauschzuständen.

„Nulla vita sine musica."
Kein Leben ohne die Musik.
Lateinische Redewendung

Musik spricht uns alle auf irgendeine Art und Weise an – alle Lebewesen, ob Menschen, Pflanzen oder Tiere. Die Landesvereinigung der Milchwirtschaft in Nordrhein-Westfalen untersuchte, ob Mozart die Milchleistung von Kühen erhöht. 180 Kühe wurden zwangsweise mit Mozarts „Eine kleine Nachtmusik" beschallt und gaben auch prompt 0,6 Prozent mehr Milch. Der volkstümliche Schlager „Herzilein" von den Wildecker Herzbuben hingegen reduzierte die Milchleistung um 2,6 Prozent.

So wie Tiere reagieren auch Pflanzen auf Musik. Zum Beispiel wächst eine Pflanze mit einer höheren Wahrscheinlichkeit in die Richtung, aus der eine leise und harmonievolle Melodie kommt, als auf die Seite, aus der laute Rockmusik zu hören ist. Viele Musikforscher haben diese Experimente mit gleichen Ergebnissen durchgeführt, was beweist, das auch Pflanzen eine Art Musikcharakter haben.

Mit folgenden musikalischen Entspannungstechniken kannst du dein Stresslevel reduzieren.

ENTSPANNUNGS
TECHNIK

KLASSIKTECHNIK

Der Einsatz von Musik ist eine der einfachsten und leichtesten Methoden, um sich kurz zu entspannen. Mit deinem MP3 Player kannst du überall und jederzeit Musik hören. Wissenschaftliche Studien haben gezeigt, dass Musik mit 60 Schlägen pro Minute („Beats per minute") dazu führt, dass sich der Körper dem Takt der Musik anpasst. Sowohl Blutdruck, Atmung, Herzschlag als auch die Muskulatur beruhigen sich und kommen bei einer so geringen Schlagzahl zur Ruhe. Die Folge sind innere Ruhe und Entspannung.

In vielen Fällen ist daher klassische Musik eine gute Wahl, um zu relaxen. Auch spezielle Meditations-Musikstücke orientieren sich an der idealen Anzahl von Schlägen pro Minute und tragen so optimal zur Entspannung bei.

DER TRAININGSABLAUF:

Musikgeschmack ist ein individuelles Empfinden – was dem einen gefällt, klingt für den anderen wie schrecklicher Lärm. Jeder Mensch weiß selbst sehr gut, welche Musik auf ihn beruhigend einwirkt und ihm im Alltag helfen kann. Suche am besten auf eine Online Musikplattform in der Rubrik Klassik nach zwei bis drei Titeln, die dir gefallen und bei denen du, wenn du sie hörst, ein angenehmes, wohliges Gefühl bekommst.

Mach öfters einmal eine kleine Pause, setze dir die Kopfhörer auf, schließe die Augen und lass dich für ein paar Minuten durch die Melodien vom Stress ablenken. Warte damit am besten nicht, bis der Stress schon da ist, sondern leg rechtzeitig kleine Auszeiten ein und genieße die Musik, um vorbeugend zu entspannen.

ENTSPANNUNGS TECHNIK

NATURGERÄUSCHE

Spiegelungen der inneren Organe gehören zum medizinischen Alltag, für den Patienten sind sie jedoch alles andere als angenehm. Bei der Bronchoskopie zum Beispiel wird ein Schlauch über Nase oder Mund eingeführt, um die Lunge zu untersuchen. Naturgeräusche und Panoramabilder können während des Eingriffs helfen, Schmerz und Unbehagen in den Griff zu bekommen, haben Wissenschaftler nachgewiesen. Naturgeräusche sind zur Entspannung und Meditation sehr gut geeignet. Fast jeder verbindet mit einem angenehmen Meeresrauschen, mit dem Plätschern eines Bachs oder mit Vogelgezwitscher positive Erinnerungen und Erlebnisse. Die Menschen erinnern sich durch Naturgeräusche an ihren Urlaub und schon wird ihr Unterbewusstsein ganz automatisch auf Erholung umschalten. Sie empfinden wieder diese Erholung und das, ohne wirklich in der Natur zu sein.

DER TRAININGSABLAUF:

Im Internet findest du ein paar interessante Links zum Download von Naturgeräuschen für deinen MP3 Player. Lade dir die Klänge auf deinen Player, die du als angenehm und entspannend empfindest oder damit Momente der Entspannung verbindest. Schließe dann deine Augen und höre dir – auf alle Fälle mit Kopfhörer – für circa 10 bis 15 Minuten die Geräuschkulisse an. Versetze dich gedanklich in diese Landschaft.

ENTSPANNUNGS TECHNIK

BINAURALE BEATS

Binaurale Beats sind Töne, die im Gehirn entstehen, wenn zwei leicht unterschiedliche Frequenzen gleichzeitig abgespielt werden. Bedingt durch die Differenz der Töne entsteht eine sogenannte Schwebung. Sie tritt allerdings nur auf, wenn der Frequenzunterschied unterhalb von 30 Hz liegt. Größere Unterschiede nimmt das Ohr als schiefen Ton wahr. Die Schwebung wird als gleichmäßig pulsierender Ton wahrgenommen, daher auch das Wort „Beats“. Das Besondere an Binauralen Beats ist die sofortige Wirkung auf das Gehirn. Das menschliche Gehör kann Frequenzen erst ab 20 Hz hören und als Ton zuordnen. Unterhalb dieser wahrnehmbaren Grenze spielen sich jedoch die Binauralen Beats ab. Das Gehör transportiert zwei unterschiedlich wahrnehmbare Töne wie zum Beispiel Ton Links 105 Hz und Ton Rechts 115 Hz zum Gehirn. Das hört jedoch die Binauralen Beats, die durch die zwei unterschiedlichen Frequenzen entstehen, nicht. Im Gehirn werden die Binauralen Beats mit einer Frequenz von 10 Hz wahrgenommen, denn das Gehirn kennt keine Grenzen für Frequenzen.

Die im Beispiel gezeigte Binaurale Frequenz von 10 Hz entspricht den Alphawellen, welche in den Hemisphären des Gehirns entstehen, sobald sie sich entspannen und gleichzeitig noch wach über etwas nachdenken.

Die Hemisphären reagieren sofort auf Binaurale Beats und schwingen sich sozusagen auf die gleiche Frequenz ein, wie in unserem Beispiel. Die so erzielte Wirkung lässt sich wunderbar nutzen, um sich selbst in einen konzentrierten oder entspannten mentalen Zustand zu versetzen.

Im Internet findest du jede Menge Informationen über diese speziellen Töne und kannst sie dort auch kaufen.

Allergrößte Vorsicht ist geboten, wenn du unter Epilepsie leidest, oder sich in der Vergangenheit schon einmal ein epileptischer Anfall ereignet hat. Weiters solltest du auf Binaurale Beats verzichten, wenn du in der Vergangenheit einen Schlaganfall erlitten hast.

SUGGESTIVE TECHNIKEN

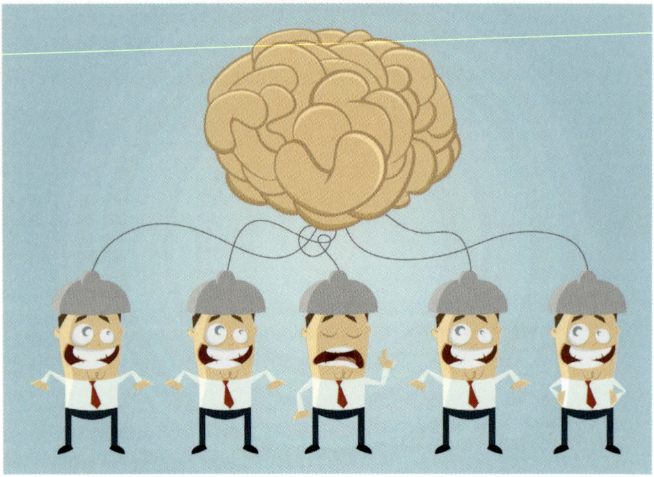

WAS IST SUGGESTION?

Der Begriff Suggestion entstand vom lateinischen Wort „suggere“ was übersetzt „einschieben“ oder „eingeben“ bedeutet. Erklärt man Suggestion als Interaktion, versteht man unter dem Begriff die Einflussnahme auf eine Person oder sich selbst – mit dem Ziel, Gedanken, Gefühle und seine Handlungen zu beeinflussen. Es wird dabei versucht, rationale Teile der Persönlichkeit, also vernunftgeleitetes Handeln, zu umgehen.

Der Vater der Suggestion ist der französische Apotheker Émile Coué. Er entdeckte im 19. Jahrhundert, dass die Wirkung der Medikamente, die er seinen Kunden gab, davon beeinflusst wurde, mit welchen Worten er sie ihnen überreichte. Also alleine die Botschaft beim Überreichen der Medikamentenschachtel brachte unterschiedlich stark ausgeprägte Wirkungen bei den Menschen. Aus dieser sensationellen Beobachtung formte der Apotheker den Gedanken, dass jeder Mensch sein persönliches Lebensgefühl steigern könnte, indem man seine persönlichen Suggestionsworte erfindet und sie sich immer wieder vorsagt. Die berühmten Beeinflussungsworte von Coué waren: „Es geht mir in jeder Hinsicht von Tag zu Tag immer besser und besser.“

MR. BRAIN
Wissenschaft für jedermann

SUGGESTION VERÄNDERT GEHIRNPROZESSE

Was der Mensch zu sich sagt, welche Haltung er zu sich hat, was er über sich denkt, hat also eine Wirkung auf ihn. Wenn wir versuchen, auf uns selbst Einfluss auszuüben, wird der Effekt nicht von heute auf morgen zu verzeichnen sein, aber unter bestimmten Bedingungen kann diese Form der Selbstüberzeugung sehr nutzbringend sein.

Neue Forschungen haben bewiesen, dass diverse Formen der Selbstbeeinflussung tatsächlich zu psychologischen Veränderungen im Gehirn führen und automatisierte Körper- und Gehirnprozesse sowie Handeln aus Gewohnheit überschrieben werden können. Daher haben Suggestion und Autosuggestion die Kraft, auch automatisch ablaufende und instinktive körperliche Reaktionen, die auf einen gewissen Reiz hin folgen, zu durchbrechen – ob es nun Schmerzen oder andere Arten von Beschwerden sind.

Jeder Mensch ist in einem bestimmten Ausmaß beeinflussbar, also suggestibel. Prozesse in unserem Körper laufen meist unbewusst ab und werden daher nicht wahrgenommen. Von ihnen kann nur die Atmung bewusst gesteuert werden. Die anderen körperlichen Vorgänge werden nur dann wahrgenommen, wenn sie auffällig werden, also zum Beispiel der Herzschlag bei Aufregung oder der Magen, wenn er knurrt. Mit einer Suggestions-Technik kann man die Vorstellung beeinflussen und damit Körperfunktionen verändern.

Die Fähigkeit dazu besitzt du schon seit deiner Kindheit. Kinder haben das Talent, sich oft Schmerzen einzureden oder diese auch einfach wegzuzaubern. Ich denke da an das Pusten auf die Hand, wodurch die Schmerzen „weggehen“. Nimmt das Kind solche Handlungen als gegeben an, dann wirkt diese Suggestion auch in solchen Situationen. Mit der Methode der suggestiven Beeinflussung ist es möglich, körperliche und mentale Zustände zu beeinflussen.

In Bezug auf Suggestion können wir zwischen der Beeinflussung durch uns selbst, der sogenannten Autosuggestion, oder durch andere, der Heterosuggestion, wählen. Autosuggestion ist der innere Ablauf, durch den ein Mensch sein Unbewusstsein trainiert, tief und fest an etwas zu glauben. Die Wirksamkeit der autosuggestiven Gedankenformeln werden umso effektiver, je regelmäßiger und öfter man sie angewendet. Gedanken lassen sich trainieren, um das zu erreichen, was man will.

Ein Gedanke wird also in einem formelhaften Satz formuliert und über einen längeren Zeitraum immer wieder mental wiederholt, bis er zum festen Bestandteil des unbewussten Denkprozesses geworden ist. Genau so funktioniert es auch mit unseren persönlichen Botschaften, die wir uns selbst geben. Wenn du dir zum Beispiel vor einer Herausforderung immer wieder sagst, dass du niemals gewinnen kannst, weil du viel zu schlecht bist, wirst du eher verlieren als gewinnen.

— TOPSECRET —

SUGGESTIONSFORMELN IM SPITZENSPORT

Viele Spitzensportler, die bei uns im Horeth Institut mentale Trainingsprogramme in Auftrag geben, arbeiten mit positiven Worten und Botschaften an sich selbst. Sie feuern sich damit an, motivieren sich und programmieren sich so auf den erwünschten Erfolg.

Hochwirksame Suggestionsformeln sind ein streng gehütetes Geheimnis im Spitzensport, denn es sind Techniken, die man sich vom Gegner nicht abschauen kann, da sie rein auf mentaler Ebene ablaufen und den Unterschied zwischen dem sehr guten Sportler und dem oft noch besseren Sportler ausmachen. Beide haben die gleiche Ausrüstung, den gleichen Ernährungsplan, den gleichen Physiocoach und dieselben Wettkampfbedingungen. Der mental stärkere Athlet, der sich noch um die letzten Prozentpunkte besser konzentrieren, aktivieren sowie motivieren kann – und dadurch oft vielleicht nur ein paar hundertstel Sekunden schneller ist – wird gewinnen. Je nach Sportart und Persönlichkeit des Sportlers testen wir die Wirkung von Suggestionen auf ihn genauestens ab und stellen dann die für ihn besten und effektivsten Formeln in Form zum Beispiel eines Trainings-Hörprogrammes zusammen.

Die Suggestionsformeln eines sehr erfolgreichen Profifußballers der Österreichischen Bundesliga, den wir betreuen, lauten zum Beispiel:

Ich bin im Spiel voll unter Strom.....100 % voller Energie!
Ich werde in schwierigen Momenten keinerlei Erschöpfung mehr spüren!
Ich werde vor Selbstvertrauen und Kraft strotzen!
Ich kann alle meine Stärken jederzeit, wann immer ich möchte, einsetzen!
Ich besiege meine Gegner und spüre das Raubtier in mir!
Ich bin voll konzentriert und werde von nichts und niemandem abgelenkt!

Ich habe alle wichtigen Strategien im Kopf und werde sie umsetzen!
Ich freue mich auf das Spiel und rufe alle meine Potenziale ab!
Ich spüre meinen Körper in jeder Sekunde!
Ich bin bereit für mein Spiel!

TOPSECRET

NEGATIVE SUGGESTION IM ALLTAG

Auch in unserem ganz normalen Alltag spielt die Suggestion eine große Rolle. Die tägliche unbewusste Autosuggestion erfolgt bei den meisten Menschen und leider nicht immer zum Positiven. So reden wir uns oft ein, etwas nicht zu können: “Ich werde das sowieso nie lernen, dazu ich bin einfach viel zu blöd.”

Wenn ich mir das regelmäßig selbst sage, beginnt mein Unterbewusstsein das nach einiger Zeit sogar zu glauben.

Viele Verhaltensweisen und Einstellungen haben ihre Entstehung in unserem Unterbewusstsein. Das heißt, wenn du dich oder deine Lebensumstände verändern willst, hilft ein Verändern über den reinen Willen oft nicht viel. Du musst lernen, deine tagtäglichen negativen Suggestionen in positive umzuwandeln. Wesentliche Bedingungen für eine positive Autosuggestion sind:

- Eine ruhige Situation und ein stiller Ort, um frei von äußeren Reizen und Einflüssen zu sein.
- Abschalten und dich auf nur auf deine Formel konzentrieren.
- Dich diesen Gedanken voll hingeben und daran tief und fest glauben und vertrauen.
- Botschaften, Formeln, Leitsätze verfassen und diese regelmäßig immer wiederholen!

SUGGESTION UND MEDIKAMENTE, DIE KEINE SIND

Was der französische Apotheker Coué in seiner Arbeit herausfand, macht sich heute noch die Schulmedizin in der Placebo-Forschung zunutze.

Placebos sind Medikamente ohne Wirkstoff, die aber trotzdem eine Heilung oder Linderung der Beschwerden hervorrufen können. Das Placebo-Medikament muss in Form, Farbe und Geschmack dem echten Medikament exakt gleichen. Zudem enthält es nur meistens nur Milchzucker, Stärke, Kochsalz oder andere nicht wirksame Inhaltsstoffe.

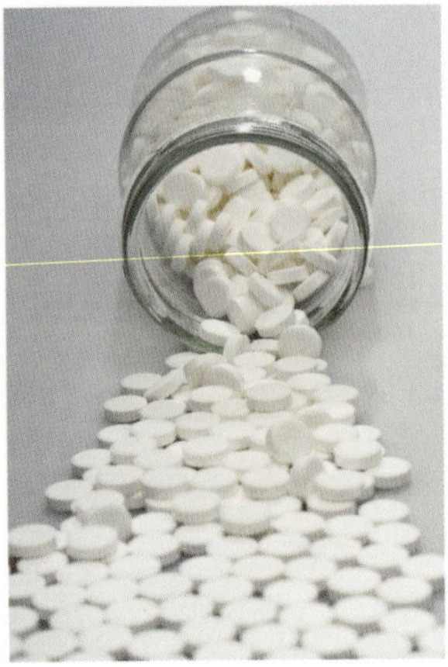

Man kann sagen, dass Placebos bei vielen Krankheiten eine Wirkung zeigen. Jeder Mensch hat ein enormes körperliches Selbstheilungspotenzial in sich, das durch Placebos ausgelöst wird. Die Wirkung von Placebos beruht auf einer Art Heilung durch das Glauben. Die Placebo-Reaktion wird durch Linderung der Angstzustände und mentale Suggestion erklärt. Placebos können selbst dann funktionieren, wenn der Patient weiß, dass er kein echtes Medikament bekommt.

Viele der Placebo-Wirkungen auf das Vegetativum sind den Körpereffekten nach Entspannungstechniken vergleichbar. Durch eine Fremd- bzw. Autosuggestion lassen sich entsprechende psychische und körperliche Veränderungen hervorrufen.

Die Instruktionen oder Suggestionen des Arztes hinsichtlich eines bestimmten Medikaments, Erklärungen zur geplanten Therapie sowie die Voraussage über Wirkung und Nebenwirkung des verabreichten Medikaments beeinflussen die Wahrnehmung und Erwartung des Patienten.

CHARAKTEREIGENSCHAFTEN VERSTÄRKEN PLACEBOS

US-Wissenschaftler von der University of Michigan erforschten bestimmte Charaktereigenschaften, die einen Menschen empfänglich für Placebo-Medikamente machen. An der Studie nahmen 50 gesunde Testpersonen teil, die Angaben dazu machten, wie offen, extrovertiert, neurotisch, empathisch oder rücksichtsvoll sie waren. Für die Untersuchung spritzten die Wissenschaftler ihren Testpersonen Flüssigkeit in die Kiefermuskulatur, die entweder als schmerzhaft angekündigt war oder nicht. Zur selben Zeit bekamen sie ein Schmerzmittel mit Wirkstoff oder ohne. Welche Kombination die Testpersonen aber bekamen, wussten diese selbstverständlich nicht.

Während der Testphase beobachteten die Forscher die Hirnaktivität der Teilnehmer und den Anstieg des Stresshormons Cortisol bei den Personen. Die spätere Auswertung ergab, dass die Probanden, denen die Placebos gegen Schmerzen halfen, entsprechende Hirnaktivität aufwiesen und auch höhere Cortisol-Werte anzeigten. Bei dem Vergleich der angegeben Eigenschaften zeigte sich, dass vor allem direkte, stressresistente und rücksichtsvolle Menschen auf die Placebos reagierten.

Die Frage, wie stark die Beeinflussung wirkt, hängt außerdem noch von Faktoren ab wie Vertrauen, Hoffnung, Erwartungen und Überzeugungen. Der Trainierende sollte speziell von der Wahrheit des Prinzips, das er sich suggeriert, überzeugt sein. Autosuggestion ist eine hervorragende Sache. Aber sie ist nicht jedem gegeben. Der Mensch muss die Fähigkeit besitzen, dass die Worte, die er zu sich sagt, Einfluss auf ihn haben.

ENTSPANNUNGS TECHNIK

AUTOGENES TRAINING

Autogenes Training wurde in der ersten Hälfte des 20. Jahrhunderts entwickelt. Mittels Autosuggestion im Zustand tiefer Entspannung sollte vor allem die mentale Fitness gesteigert und ein positiver Einfluss auf das Körpergefühl erreicht werden. Man machte die Entdeckung, dass Menschen fähig sind, sich allein durch ihre Vorstellungskraft in bestimmte körperliche Zustände zu versetzen. Schon damals konnte wissenschaftlich nachgewiesen werden, dass die Vorstellung, der eigene Arm werde ganz warm, die Körpertemperatur bei vielen Menschen ansteigen lässt.

Man unterscheidet beim autogenen Training zwischen einer Grund- und einer Oberstufe. Die Grundstufe wird hauptsächlich zur Entspannung und Steigerung der geistigen Leistungsfähigkeit eingesetzt. In der Oberstufe versucht man, Probleme mittels Suggestion zu lösen. Ich zeige dir die Grundstufe, da sie als Entspannungstechnik wunderbar geeignet ist.

Die Wirkungsweise des AT beruht auf Suggestionen. Durch bestimmte Wörter, Formeln und Vorstellungen die sich auf relevante Körperregionen beziehen, versucht man, einen angenehm entspannten Zustand zu erzeugen. Das Ziel ist tiefe innerer Ruhe und Gelassenheit.

DER TRAININGSABLAUF:

Leg oder setz dich bequem hin. Die Augen werden geschlossen und der Körper ist entspannt und locker.

1. Schwereübung:

Beginne beim ersten Training zum Kennenlernen mit der sogenannten Schwereübung. Du sagst zu dir selbst mit deiner inneren Stimme einige Mal hintereinander: „Der rechte Arm ist ganz schwer“. Nimm dir 5 bis 10 Minuten für diese Formel, entspanne dabei und lass alles einfach auf dich wirken. Kommen Bilder zu deinem Satz hinzu, die die Wirkung unterstreichen, nimm sie an, kommen Bilder, die nicht dazu passen, lass sie weiterziehen. Wenn du fertig bist, beende die Übung mit den inneren Worten: „Ich komme zurück“. Atme tief ein und aus und öffne dann ganz langsam deine Augen. Nach einigen Übungen spürst du, dass der rechte Arm tatsächlich schwerer wird. Wenn das funktioniert, kannst du im Autogenen Training weitermachen und die nächsten Übungen ausprobieren.

Die Einleitung und Ausleitung sind exakt gleich, aber du beginnst, dir innerlich Formeln zu unterschiedlichen Bereichen zu sagen.

Formeln Schwereübung:

Bei der Schwereformel versucht man die abnehmende Muskelspannung, die mit jeder Form der Entspannung automatisch einhergeht, wahrnehmen zu lernen und über die Konzentration gezielt zu senken.

- „Mein rechter Arm ist ganz schwer“
- „Mein linker Arm ist ganz schwer“
- „Beide Arme sind ganz schwer“
- „Beide Beine sind ganz schwer“
- „Arme und Beine sind ganz schwer“

Formeln Ruheübung:

Mit der Ruheformel wird ein Gefühl der Ausgeglichenheit und Ruhe vergegenwärtigt. Ein ähnliches Vorgehen im Alltag ist es, wenn du dir in Stresssituationen sagst: „Bleib ganz ruhig. Ruhe!“

- „Ich bin ruhig und entspannt“
- „Mein Körper ist vollkommen ruhig und entspannt“

Formeln Wärmeübung:

Beim Entspannen kommt es zu einer Erweiterung der Blutgefäße und zu einer vermehrten Hautdurchblutung. Du wirst das an einem wohligen Gefühl der Haut- und Körperwärme spüren. Diese angenehme Empfindung wird mit der Wärmeformel angesprochen.

- „Mein rechte Arm ist ganz warm“
- „Mein linker Arm ist ganz warm“
- „Beide Arme sind ganz warm“
- „Beide Beine sind ganz warm“
- „Arme und Beine sind ganz warm“

Weitere Körperbereiche, die mit Autogenem Training beruhigt werden können, kannst du Schritt für Schritt in deine Übung mit einbauen.

Formel Herzübung:

- „Das Herz schlägt ganz ruhig und gleichmäßig“

Formel Atemübung:

- „Mein Atmung ist ganz ruhig und gleichmäßig“

Formel Bauchübung:

- „Mein Bauch ist strömend warm“

Formel Kopfübung:

- „Meine Stirn ist angenehm kühl“

Folgende Regeln solltest du beim Üben des AT beachten:

Erlerne die Methode vom Einfachen zum Komplizierten. Das heißt also, übe erst die nächste Stufe, wenn die Vorangegangenen fest sitzen und ihre Wirkung auch zeigen. Lass deinem Körper Zeit und erwarte keine zu schnellen Erfolge. Jeweils am Ende der Übung beende den Ruhezustand aktiv durch Bewegen der Arme und Beine, tiefes Ein- und Ausatmen und Öffnen der Augen. Wenn du die Grundelemente beherrscht, scheue dich nicht davor, kreativ zu werden und Formeln, die für persönliche Momente deines Lebens von Nutzen sein könnten, mit einzubauen.

Kannst du durch die Formeln deinen Zustand positiv verändern, dann setze diese Technik jederzeit in stressigen Momenten ein, um dich wieder zu entspannen.

ENTSPANNUNGS
TECHNIK

POSITIVE SELBSTGESPRÄCHE

Bei der Technik der positiven Selbstgespräche geht es darum, die eigenen Gedanken so zu lenken und einzusetzen, dass sie dir helfen, dich zu entspannen. Das positive Selbstgespräch ist wie ein innerer Dialog in Form von Gedanken, die man an sich selbst richtet. Mit dem Wissen, dass Gedanken uns grundsätzlich sehr stark beeinflussen, trainieren wir diesen Ablauf.

DER TRAININGSABLAUF:

Hilfreiche Selbstgespräche müssen zwingend realistisch sein. Darin unterscheiden sie sich von der Technik des positiven Denkens. Gute Selbstgespräche sind Handlungsanleitungen und beinhalten keinen Selbstbetrug.

Bei der Methode des Selbstgesprächs sind einige Punkte unbedingt zu beachten. Selbstgespräche sollten unbedingt positiv sein, also nur positive Formulierungen aufweisen: „Ich werde alles richtig machen."

Selbstgespräche sollten ebenso das Wort „ich" enthalten: „Ich entspanne von Tag zu Tag mehr." Ein Selbstgespräch sollte auch die eigenen Stärken thematisieren: „Ich habe die besten Voraussetzungen, um ein entspannter ruhiger Mensch zu werden!" Zudem sollte ein Selbstgespräch lösungsorientiert sein: „Wenn ich jeden Tag meine Übungen einsetze, spüre ich, wie ich in stressigen Momenten besser reagiere!"

ENTSPANNUNGS TECHNIK

GEDANKENSTOPP

Die Gedankenstopp Technik schafft es, dass man sich von destruktiven oder negativen Gedanken konsequent löst. Ziel ist es negative Denkmuster aktiv zu unterbrechen und für eine schnelle Entspannung zu sorgen.

DER TRAININGSABLAUF:

Sobald ein Gedanke auftaucht, der als störend empfunden wird und für die gerade anstehenden Handlungen und Aufgaben nicht von Bedeutung oder sogar hinderlich ist, sagst du zu dir laut oder leise „stopp", denkst dabei an ein Stopp-Schild, und unterbrichst damit deine negative Gedankenkette. Danach richtest du deine Aufmerksamkeit wieder auf die aktuelle Handlung, atmest einmal tief durch und setzt dann die Handlung fort, indem du zu dir selbst laut oder leise „weiter" sagst.

Eine andere Möglichkeit, negative Gedanken zu unterbrechen, sind starke Reize wie lautes Händeklatschen oder kräftig mit dem Fuß aufstampfen. Deiner Kreativität sind hier keine Grenzen gesetzt. Teste einfach aus, was bei dir am besten wirkt.

ENTSPANNUNGS TECHNIK

ENTSPANNUNGSBAUMELN

Diese Technik freut all jene unter den Entspannungssuchenden, die am liebsten gar nichts tun möchten, keine Regeln beachten und einfach nur faul sein und nichts tun wollen. Aber auch dazu gibt es eine Anleitung. Den Begriff Faulheit kennt man erst seit dem Aufkommen der modernen Arbeitsgesellschaft. In der Antike hingegen wurde vieles verehrt, was heute bei uns als Faulheit gelten würde, aber damals nannte man es noch Muße.

Entspannungsbaumeln ist strukturiertes Faulsein mit Technik und entspannender Wirkung.

DER TRAININGSABLAUF:

Setze dich auf verkehrt auf einen Stuhl mit kurzer Lehne, sodass dein Oberkörper von der Stuhllehne gehalten wird. Die Arme kannst du vorne über die Lehne baumeln lassen und auch der Kopf kann entspannt nach unten hängen.

MEDITATIVE TECHNIKEN

Der Begriff Meditation kommt aus dem lateinischen „meditatio“, was nachdenken und besinnen bedeutet. Durch Achtsamkeits- oder Konzentrationsübungen soll sich der Geist beruhigen und sammeln.

Die Meditation wurde durch den indischen Physiker und Philosophen Maharishi Mahesh Yogi ungefähr in den 1950er-Jahren zum ersten Mal in die westlichen Kulturen gebracht und dort gelehrt. Durch die zahlreichen positiven Wirkungen der Meditation fand sie bei uns sehr schnell positiven Anklang und wurde deswegen rasch weiterverbreitet. Mittlerweile wird die Meditation in nahezu allen Ländern gelehrt und auch angewendet. Da man dafür weder einer bestimmten Religion noch einem bestimmten Glauben angehören muss, ist die Meditation wertneutral.

So gut wie jeder kann die Meditation mit ein klein wenig Übung erlernen. Die Durchführung der Meditation findet in einer sitzenden Haltung statt. Während der Meditation werden auch die Augen geschlossen, sodass Elemente, die von der Entspannung ablenken könnten, ausgeschaltet werden können.

Die Meditation kann entweder alleine in einem ruhigen Raum oder gemeinsam mit anderen durchgeführt werden. Wichtig dabei ist nur, dass sich die Teilnehmer nicht gegenseitig ablenken. Sofern die Meditation richtig angewendet wird, kann sie dabei helfen, die innere Unruhe zu überwinden und leichter mit Stress im Alltag umzugehen. Hilfsmittel der Technik ist ein Wort, ein Mantra, das auf einfache und natürliche Weise und ohne jede Anstrengung zu benutzen ist.

WIRKUNG DER MEDITATION

Die Forschung beschreibt die nachvollziehbare, belegbare Wirkung von Meditation in fünf Teilen:

1. Meditationsanfänger nehmen oft zu Beginn eine innere Unruhe wahr und
2. stellen Konzentrationsprobleme fest.
3. Mit wiederholtem Üben der Meditation stellen sich regelmäßig Entspannung und Wohlbefinden ein.
4. Darauf aufbauend können Meditierende eine grundlegende Konzentration entwickeln, die die Fähigkeit der Distanzierung von den eigenen Gedanken stärkt.
5. Mit weiterer Übungsdauer entfalten Praktizierende wesentliche Qualitäten wie Klarheit, Wachheit, Verbundenheit, Selbstakzeptanz oder Hingabe.
6. Langjährig Meditierende erleben die Erfahrung der Gedankenstille, der Leerheit und Grenzenlosigkeit.

Die körperlichen und mentalen Entspannungszustände können bereits nach einigen Wochen wirken, die Bewusstseinszustände der letzten beiden Stadien setzen meistens eine jahrelange Übungsroutine voraus.

TRANCE-TECHNIK

Trance bedeutet hinübergehen und steht für einen schlafähnlichen oder einen höchst konzentrierten Bewusstseinszustand. In einem Trancezustand lässt man sich gehen, gleitet in tiefe Entspannung und beschäftigt sich intensiv mit einer Thematik. Bevor man eine Trance-Technik einsetzen kann, bedarf es einer inneren Bereitschaft. Meist erlangt man diese durch das Einsetzen eines überwältigenden Gefühls wie Stress, Wut, Verliebtheit, Angst, Trauer oder Freude, das ein Ventil braucht, um bewältigt zu werden.

DER TRAININGSABLAUF:

Du legst dich bequem hin und sorgst dafür, in den nächsten 15 Minuten nicht mehr gestört zu werden. Konzentriere deinen Blick nun auf einen Punkt, Gegenstand oder ein Bild im Raum. Lass deinen starren intensiven Blick nicht mehr los und konzentriere dich auf den Punkt. Mit jeder Sekunde, die du auf diesen Punkt siehst, stellst du dir vor, wie eine Art Schwere durch deinen Kopf in deinen Körper gleitet. Die Schwere tritt ganz oben an deinem Kopf ein und fließt wie warmes Blei durch deine Augen und dann weiter in alle Teile deines Körpers. Alles wird schwer und müde, immer schwerer, entspannter und müder. Schließe jetzt deine Augen.

Atme tief ein und wieder aus und lass bei jedem Ausatmen eine Welle der Entspannung durch deinen Körper gehen – eine Welle, die jeden Muskel im Körper noch tiefer entspannt. Dein Atem fließt ganz leicht. Dein Körper kann weich werden. Vertrau deinen Körper der Unterlage an und mach es dir nun so richtig bequem, sinke tiefer in die Unterlage, die dich trägt und entspanne dich einfach mehr und mehr, so als ob du auf einer samtig weichen Wolke getragen würdest.

Lass alle Gedanken vorüberziehen. Wenn welche da sind, dürfen sie weiterziehen. Erlaube dir mit jedem Atemzug, das äußere Tagesgeschehen unwichtig werden zu lassen. Du kannst jetzt mühelos entspannen und gleichzeitig innerlich wach bleiben. Erlaube deinem Körper nun, noch weicher und entspannter zu werden. Spüre, wie dein Atem ruhiger wird. Und mit jedem Ausatmen wird auch dein Körper weicher und weicher und weicher. Dein Kopf, deine Schultern, dein Rücken, deine Arme und Hände, dein gesamter Oberkörper – alles ist locker und weich. Immer tiefer entspannen, fast so, als ob dein Bewusstsein schläft.

Je tiefer du sinkst, umso wohler fühlst du dich. Je wohler du dich fühlst, desto tiefer sinkst du. Zähle jetzt für dich von 1 bis 5. Mit jeder Zahl vertieft sich deine Entspannung noch um ein Vielfaches. 1: tiefer entspannen. 2: immer tiefer. 3: ausgezeichnet. 4: noch tiefer. 5: wunderbar. Du kannst dir erlauben, diese Erfahrung voll und ganz auszukosten. Du hast dazu alle Zeit für dich zur Verfügung, die erforderlich ist.

Wenn du deine innere Entspannung ausreichend genossen hast, zähle in deinen Gedanken erneut bis 5. Stelle dir vor, wie du mit jeder Zahl wieder aktiver und wacher wirst. Bei der Zahl 5 angekommen aktivierst du alle Muskeln, indem du deinen Körper reckst und streckst und danach die Augen wieder öffnest.

Tipp: Merke dir die Schritte der Übung und leite dich selbst an, oder sprich dir diese Übung aufs Handy, um sie dann bei Bedarf anzuhören und mitzumachen.

ENTSPANNUNGS TECHNIK

BLITZ MEDITATION

Oft ist es schwierig, den ganzen Tag in jener Konzentration zu bleiben, die wir uns wünschen. Auch in Momenten, in denen wir Stress erleben, ist es wichtig, sich trotzdem auf Wesentliches zu fokussieren und nicht abgelenkt zu werden. Vieles in unserem hektischen Leben stört und unterbricht den Konzentrationsfluss und den Fokus. Zum Beispiel Smartphones, SMS, E-Mails, eigene oder Probleme anderer Kollegen, Müdigkeit und vieles mehr bringen uns aus dem Gleichgewicht.

Ein Weg, um immer wieder Entspannung und Konzentration in den Tagesablauf zu bringen, ist die Blitz-Meditation. Sie verstärkt den Fokus und beruhigt unsere Gedanken während des Tages. Die Blitz-Meditation ist eine sehr praktische Übung, da sie keine speziellen Techniken und auch nicht viel Zeit benötigt.

DER TRAININGSABLAUF:

Als Schritt 1 stoppe das, was du gerade machst. Zieh dich für eine Minute in dein Inneres zurück und blende alles um dich herum aus. Es ist nicht wichtig, den perfekten Stopp-Punkt zu finden, die Übung dauert ja nur wenige Minuten, du kannst sie also sofort immer und überall beginnen.

Als Schritt 2 schließe deine Augen und entspanne deinen Körper.

Bei Schritt 3 beginnst du nun deine Aufmerksamkeit auf deine Atmung zu richten. Lass deinen Atem entspannt ein- und ausströmen und beobachte ihn dabei.

Bei Schritt 4 schaust du zu, wie dir deine Gedanken durch den Kopf gehen, beobachtest, welche gerade besonders häufig sind, aber bleibst an keinem Gedanken kleben, sondern lässt sie kommen und gehen.

Du bist eine Art Zuschauer im Publikum, der seine Gedanken sieht, wie sie kommen und wie sie auch wieder gehen, und dabei auch keinen Einfluss nimmt oder sie bewertet.

Bei Schritt 5 wählst du ein Wort wie Ruhe, Kraft, Stille, Entspannung oder ein ganz anderes, das deinen gewünschten Zielzustand beschreibt. Nun sprichst du in deinen Gedanken 10 bis 20 Mal dieses Wort bei jedem Ausatmen und konzentrierst dich auf den Zielzustand und auf die Bedeutung des Wortes. Nach 10 bis 20 Atemzügen hältst du die Luft solange an, wie du kannst und öffnest danach wach und frisch deine Augen.

MUSKELENTSPANNUNGS-TECHNIKEN

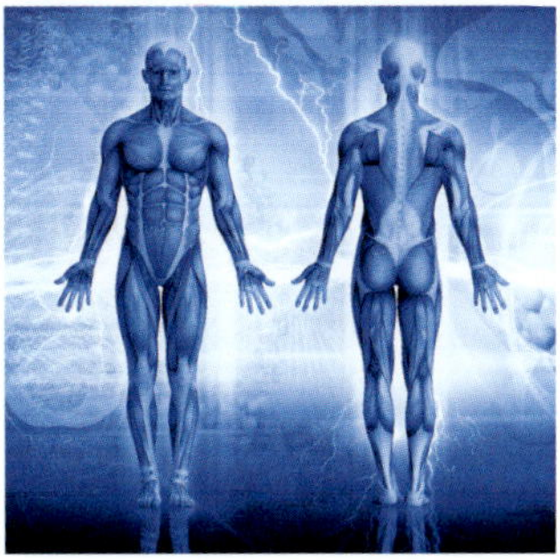

Der Ansatz basiert auf dem Wissen um die enge Verzahnung zwischen Seele und Körper. Im Angstzustand und bei erhöhtem Stress spannt sich, wie bereits erwähnt, bei jedem Menschen zugleich auch die Muskulatur an. Muskuläre Anspannung aber signalisiert dem Gehirn Gefahr, wodurch ein Teufelskreislauf in Gang gesetzt werden kann, indem diese Interpretation den Muskeltonus noch mehr ansteigen lässt. Es gilt aber auch der Umkehrschluss: Eine entspannte, weiche Muskulatur wird im Gehirn als psychischer Ruhezustand repräsentiert und lässt die Muskeln weiter erschlaffen.

Im Mittelpunkt der Muskelentspannung steht das Kontrasterleben zwischen dem Gefühl der Anspannung und dem der Entspannung. Man lernt gezielt bestimmte Muskelpartien hintereinander anzuspannen und anschließend wieder zu entspannen, mit dem Ziel, sich in kürzester Zeit in einen angenehmen, völligen Entspannungszustand zu bringen.

Es ist sinnvoll, die Muskelentspannung auch in den Alltag zu integrieren. Mache dir bei verschiedenen Tätigkeiten wie im Büro, unterwegs oder auch zu Hause einfach immer wieder deine momentane Muskelspannung bewusst. Sind die Schultern angespannt, obwohl du bequem sitzt? Runzelst du deine Stirn, wenn du dich gerade auf etwas konzentrierst und hast du deine Stirnmuskulatur viel zu stark angespannt?

Wenn du beginnst zu beobachten, dass dir das auffällt, dann bist du bereits einen guten Schritt in Richtung einer verbesserten Körperwahrnehmung unterwegs. Als ersten Schritt kannst du diese Wahrnehmung gleich nützen, um die Muskeln loszulassen und zu entspannen. Dadurch vermeidest du in Zukunft sogenannte Alltagsverspannungen, die gar nicht notwendig wären, sich aber im Laufe der Zeit eingeschlichen haben. Du wirst den Unterschied bereits nach wenigen Wochen bemerken. Du wirst in deiner Körperhaltung ruhiger und entspannter sein und dadurch dein gesamtes Wohlbefinden und deine Gelassenheit erhöhen.

ENTSPANNUNGS
TECHNIK

PARTIELLE MUSKELENTSPANNUNG

Hier möchte ich dir eine schnell realisierbare, kurze Möglichkeit der Muskelentspannung zeigen, die du ganz leicht in einer kleinen Pause mit einbauen kannst.

Die Technik besteht in einem ständigen Wechsel von Muskelanspannung und Muskelentspannung. Dies muss auch nicht lange dauern. Wenige Minuten täglich sind bereits äußerst hilfreich.

DER TRAININGSABLAUF:

Setze dich bequem hin und lehne deinen Rücken entspannt an die Stuhllehne. Die Übung beginnt bei den Armen. Mache mit beiden Händen eine Faust, und spanne Arme und Fäuste sehr kräftig, fast maximal, an. Halte diese Spannung etwa 10 bis 20 Sekunden. Dies sollte anstrengend sein. Anschließend öffnest du deine Fäuste, lässt die Arme in den Schoß fallen und völlig locker liegen. Spüre, wie angenehm das ist, atme tief ein und lasse entspannt die ganze Luft wieder ausströmen. Wiederhole das tiefe Einatmen noch einmal.

Progressive Muskelentspannung, auch progressive Muskelrelaxation oder PMR genannt, ist eine Technik, die Edmund Jacobsen in den 1940er-Jahren entwickelt hat. Der amerikanische Psychologe hatte festgestellt, dass permanente geistig-emotionale Anspannung zu Verspannung in der Muskulatur sowie langfristig zu Verhärtungen und Schmerzen führt, was sich wiederum negativ auf die Psyche auswirkt. In der PMR lernt der Übende, Muskelgruppen bewusst anzuspannen und zu entspannen. Auf Dauer lösen sich so Verhärtungen auf und auch auf psychischer Ebene setzt Entspannung ein.

Die PMR lehrt die willentlich herbeigeführte, kontrollierte An- und Entspannung aller Muskelgruppen, über die der Mensch Kontrolle hat. Auf diese Weise kann schließlich ein völlig entspannter Ganzkörperzustand erreicht werden. Die einzelnen Muskelgruppen werden in einer bestimmten Reihenfolge und nach klaren Vorgaben an- und entspannt. So muss die Entspannungsphase immer länger sein als die Anspannungsphase, und die Anspannung der Muskulatur darf nicht übertrieben werden. Sie sollte fühlbar sein, ohne zu schmerzen. Jede An- und Entspannungseinheit kann durch eine Vorsatzformel, wie zum Beispiel „Ich bin ganz ruhig!", verstärkt werden.

Die Wirkung ist direkt fühlbar, es bedarf dazu keiner besonderen Vorstellungskraft. Diese Methode eignet sich daher für einen kinästhetischen Entspannungstyp, dem Imaginationen schwerer fallen. Die PMR muss über einen längeren Zeitraum, in der Regel mehrere Wochen, geübt werden. Das Verfahren gibt es in einer Langform und in verschiedenen Kurzformen, je nachdem, wie viele Muskelgruppen pro Lernsequenz zusammengefasst werden. Am Ende sollte es möglich sein, Stressbereiche im Körper schon im Vorfeld zu identifizieren, um ihren unangenehmen Auswirkungen dann gezielt durch Einsetzen der Übungen gegensteuern zu können.

DER TRAININGSABLAUF:

Nimm dir jetzt ungefähr 20 Minuten Zeit. Suche dir wieder zum Entspannen einen ruhigen Raum aus, wo du ungestört im Liegen oder in einer bequemen Sitzhaltung deine Übung durchführen kannst. Mach nun einige tiefe Atemzüge und lass deinen Körper locker und angenehm schwer werden.

Hier findest du nun Schritt für Schritt den Übungstext mit folgenden Anleitungs-Zeichen: (#) = Innehalten; (5) = 5 Sekunden Anspannungsphase (10) = 10 Sekunden Anspannungsphase

PMR Hand-Entspannung:

Rechte Hand: Balle jetzt deine rechte Hand zur Faust (5). Halte die Spannung. Achte auf die Spannung in deiner Hand und in deinem Unterarm (#). Jetzt tief einatmen, die Spannung spüren – und nun auf das eigene Signal loslassen und dabei tief ausatmen. Lass los, lass dein Hand und den Unterarm locker, ganz locker (#). Du kannst jetzt noch auf deine Gedanken achten, die dir vielleicht noch durch den Kopf gehen, versuche nicht, sie gewaltsam weg zu schieben. Konzentriere deine Aufmerksamkeit immer mehr auf das Entspannen der rechten Hand.

Linke Hand: Wir wiederholen diese Übung mit der linken Hand. Schließe die linke Hand zur Faust und achte genau auf die Empfindungen, die bei der Anspannung entstehen (5). Jetzt tief einatmen, die Spannung spüren – und nun auf das eigene Signal loslassen und dabei tief ausatmen (#). Spüre, wie angenehm es sein kann, wenn die Muskeln vom angespannten in den entspannten Zustand übergehen, wie du dich dabei zunehmend entspannst (#).

Beide Hände: Spanne jetzt beide Hände und Unterarme an (5), jetzt wieder tief einatmen, die Spannung spüren – und nun auf das eigene Signal loslassen und dabei tief ausatmen (#). Achte auf den Übergang von der Anspannung zur Entspannung (#).

PMR Arm-Entspannung:

Jetzt gehen wir zu den Ellbogen. Balle die Fäuste, beuge die Ellbogen auf, sodass du die Spannung in den Oberarmen spürst (5), jetzt tief einatmen, die Spannung spüren – auf das eigene Signal wieder entspannen und dabei tief ausatmen (#). Ruhig und tief atmen (#). Indem du die Muskeln jetzt locker lässt, kannst du dich ganz entspannen.

Als Nächstes drückst du jetzt die Hände fest auf die Oberschenkel, ganz fest, sodass die Oberarme hinten angespannt werden (5). Jetzt tief einatmen, die Spannung spüren – auf das eigene Signal wieder entspannen und dabei tief ausatmen (#). Atme ruhig und tief (#). Lass die Hände und Arme wieder locker und spüre dabei, wie du entspannter wirst. Atme jeweils beim Anspannen ein und beim Entspannen aus.

PMR Schulter-Entspannung:

Jetzt arbeiten wir mit den Schultern weiter. Ziehe jetzt die Schultern soweit es geht nach hinten, drücke sie gegen die Unterlage (10). Jetzt tief einatmen, die Spannung spüren – und nun auf das eigene Signal loslassen und dabei tief ausatmen. Atme ruhig und tief (#). Zieh jetzt die Schultern nach vorne, soweit nach vorne wie es geht (10), jetzt tief einatmen, die Spannung spüren – und nun auf das eigene Signal loslassen und dabei tief ausatmen. Gehe nun ganz ruhig mit deinen Gedanken durch die beiden Arme, von den Schultern bis zu den Fingerspitzen (#). Lockere sie, wenn sich wieder etwas verspannt hat (#). Lass alles fallen.

PMR Fuß-Entspannung:

Jetzt gehen wir zu den Beinen. Ziehe jetzt die Fußspitzen hoch, während die Fersen am Boden bleiben (5), jetzt tief einatmen, die Spannung spüren – auf das eigene Signal wieder entspannen und dabei tief ausatmen (#). Jetzt die Zehen nach unten einkrallen, als möchtest du einen Bleistift festhalten (5), jetzt tief einatmen, die Spannung spüren – auf das eigene Signal wieder entspannen und dabei tief ausatmen (#). Lass den Körper ganz locker (#). Entspanne Füße und Beine, bis du ganz entspannt bist.

PMR Rücken-Entspannung:

Wir kommen jetzt zum Rücken. Spann den den Rücken an, indem du die Schulterblätter nach hinten zur Wirbelsäule hin zusammenziehst (5). Jetzt tief einatmen, die Spannung spüren – und nun auf das eigene Signal loslassen und dabei tief ausatmen. Halte keine Muskelfaser mehr gespannt (#), lockere alle Muskelfasern links und rechts von der Wirbelsäule, bis du ganz entspannt bist (#).

PMR Bauch-Entspannung:

Jetzt gehen wir zum Bauch. Drück den Bauch ganz weit nach außen, spanne die Bauchdecke, indem du den Bauch ganz weit nach außen wölbst, atme dabei tief ein (5), gib dir jetzt dein Entspannungssignal und lass nun wieder los (#), achte wieder auf den Übergang von der Anspannung zur Entspannung (#).

Ziehe jetzt den Bauch ganz weit ein und atme dabei ganz tief aus (5), den Bauch ganz weit einziehen (5), gib dir dein Entspannungssignal und lass nun wieder los (#). Entspanne die Bauchmuskeln, du kannst dabei immer lockerer und entspannter werden (#).

PMR Kopf-Entspannung:

Wir gehen jetzt daran mit dem Kopf zu üben. Heb den Kopf nach vorne auf die Brust (5), jetzt tief einatmen, die Spannung spüren – und nun auf das eigene Signal loslassen und dabei tief ausatmen (#).

Zieh jetzt den Kopf auf die linke Schulter, zieh ihn so weit nach links, wie es geht (5). Jetzt wieder tief einatmen, die Spannung spüren – und nun auf das eigene Signal loslassen und dabei tief ausatmen (#).

Zieh jetzt den Kopf auf die rechte Schulter (5), jetzt tief einatmen, die Spannung spüren – und nun auf das eigene Signal loslassen und dabei tief ausatmen (#). Spüre und genieße das angenehme Gefühle der Entspannung, das sich weiter und weiter ausdehnen kann (#).

PMR Kiefer-Entspannung:

Jetzt gehen wir zum Gesicht über. Beiß ganz leicht – ohne zu verkrampfen – die Zähne aufeinander (5), jetzt tief einatmen, die Spannung spüren – und nun auf das eigene Signal loslassen und dabei tief ausatmen (#).

Presse jetzt die Lippen aufeinander, ganz fest (5), jetzt tief einatmen, die Spannung spüren – und nun auf das eigene Signal loslassen und dabei tief ausatmen. Entspanne den Mund, lass ihn hängen (#). Nimm nun alle Kraft aus der Mundpartie weg (#).

PMR Stirn-Entspannung:

Wir gehen jetzt zu den Augenbrauen. Ziehe die Augenbrauen nach oben, indem du die Stirn nach oben runzelst. Spanne die Stirn an, gehen mit deiner Wahrnehmung ganz in die Stirn (5), jetzt tief einatmen, die Spannung spüren – und nun auf das eigene Signal loslassen und dabei tief ausatmen.

Versuche, die Stirn ganz glatt und locker werden zu lassen, eine glatte leere Fläche.

PMR Augen-Entspannung:

Kneife jetzt die Augen zusammen, als würdest du geblendet werden (5). Jetzt tief einatmen, die Spannung spüren – und nun auf das eigene Signal loslassen und dabei tief ausatmen. Spüre das angenehme Gefühle der Entspannung, das sich weiter und weiter ausdehnen kann. Spüre, wie sich der Körper Muskelgruppe für Muskelgruppe mehr und mehr entspannt hat. Genieße dieses angenehme Gefühl (#).

Du kannst die gesamte Entspannung vielleicht noch etwas vertiefen, indem du die verschiedenen Körperbereiche im Geist noch einmal durchwanderst.

PMR Rücknahme:

Stelle dich jetzt darauf ein, die Übungen zu beenden. Wir werden dabei in fünf Schritten vorgehen:

1. Bewege jetzt die Hände (#).
2. Bewege Hände und Arme (#).
3. Bewege den ganzen Körper (#).
4. Atme tief durch die Nase ein und langsam durch den Mund wieder aus (#).
5. Öffne jetzt die Augen (#).

Richte dich langsam, ganz in deinem Tempo, über die Seite zum Sitzen auf und komm wieder zurück ins „Hier" und „Jetzt".

„T" ALS 2. ELEMENT DER RELAXFORMEL

Das T in der Relaxformel E=T+B+M steht für deine ganz persönliche Trainingstechnik zur Entspannung. Nachdem du sicherlich mehrere Trainingsmethoden getestet hast und vielleicht noch die eine oder andere ausprobieren solltest, wird am Ende der Kennenlernphase deine Lieblingsmethode entstehen. Wie bereits erwähnt, kannst du gerne Techniken mischen, Atemtechniken mit suggestiven Techniken, vielleicht aber auch Muskelentspannungstechniken mit Musikentspannungen u.v.m. Du selbst kannst alles so kombinieren, wie es dir Spaß macht, wie du richtig tief entspannen kannst und Freude damit hast. Gut ist das, was dir dabei hilft, deine innere Ruhe öfter und intensiver zu erleben.

Trainiere nun in der Anfangsphase mindestens jeden Tag 1 bis 2 Mal deine neue Technik, bis du sie leicht und ohne nachzudenken jederzeit auch in Stresssituationen anwenden kannst. Ziel des Elementes T in der Relaxformel ist, dir einen Pool an Methoden zu geben, dich dazu zu animieren, möglichst viele zu testen und dir dann eine spannende Kombination zu überlegen, welche Techniken gemeinsam den für dich besten Effekt haben.

Da jeder Mensch auf andere Einflüsse reagiert, liegt es nun in deiner Verantwortung, dein persönliches T wie Technik zu erlernen und wenn du Stress erlebst, du dich gehetzt fühlst oder negative Gedanken im Kopf vorherrschen, durch diese Technik wieder innere Ruhe und Gelassenheit zu erlangen.

Deine neue Technikkombination soll dir in den Momenten helfen, in denen du Entspannung brauchst. Je öfter du übst, wenn du dich nicht in einem Stressmoment befindest, aber auch je öfter du die Technik im Ernstfall einsetzt, desto schneller wird sie ihre Wirkung voll und ganz entfalten. „Üben also auch, wenn es mir gut geht?“, wirst du fragen. Ja, je öfter du die Technik in dein Leben einbaust, desto weniger wirst du Stress erleben – das heißt, du arbeitest nicht nur im Notfall mit Entspannungstechniken, sondern auch als Vorbeugung, um Resilienz aufzubauen und dein inneres Stressauslöselevel grundsätzlich zu heben!

Gerne darf an dieser Stelle das Buch unter Umständen für dich zu Ende sein. Wenn du nur auf der Suche nach Techniken warst, dann hast du einiges kennengelernt und bist gut ausgerüstet, um damit zu arbeiten.

In der Formel ist dies aber noch lange nicht genug! Ich möchte deine Entspannung so tief und fest in dein Leben integrieren, dass du nachhaltig für dein Leben einen positiven Nutzen ziehen kannst und nicht nur für den Moment.

Um also dein Entspannungsgefühl noch intensiver zu spüren und um Entspannung noch viel schneller zu erleben als bis jetzt in den Techniken, zeige ich dir gerne die Geheimnisse und Techniken der Spitzensportler zu diesem Thema.

Die Formel hat noch zwei wichtige Elemente, das B und das M. Kommen wir nun zum B wie Branding, das dir die Möglichkeit gibt, deine Entspannung um ein Vielfaches zu toppen und für immer erleben und blitzschnell abrufen zu können.

7. MODUL B
BRANDING DER ENTSPANNUNG

DEFINITION BRANDING

Branding gibt deinen Entspannungstechniken und deinem Gefühl der Entspannung seine Nachhaltigkeit. Damit wir an unserer Entspannung festhalten, damit wir nicht müde werden sie zu verfolgen und uns auch von größeren Widerständen nicht abschrecken lassen, müssen wir das im Entspannungstraining erlebte Wohlgefühl immer wieder spüren. Es soll uns immer wieder an unsere Fähigkeit zu entspannen erinnern, damit wir sie nicht mehr aus den Augen verlieren. Wir müssen unsere Entspannung verstärken und richtiggehend in unser Denken „einbrennen". Genau das geschieht beim Branding.

„To brand" bedeutet nämlich in der englischen Sprache genau das – etwas aufbrennen, brandmarken, kennzeichnen oder markieren. Beim Branding fixieren wir also ein positives Entspannungsgefühl tief und fest in unseren Gedanken – genauer gesagt, wir fixieren das im Training intensiv erzeugte Entspannungsgefühl noch besser und langfristig, damit wir es schneller jederzeit wieder abrufen können, ohne lange Übungen machen zu müssen. Dieses Entspannungsgefühl, das wir durch die Trainingstechniken erreichen, festigen und speichern wir in unserem Gehirn, um es später mit einer sogenannten Ankertechnik, einer Erinnerungstechnik wieder abrufen zu können. Woher diese Ankertechniken stammen und warum sie so effektiv sind, wirst du in diesem Kapitel später noch genau erfahren.

Die Kombination aus Entspannung erleben, Entspannung abspeichern und Entspannung gezielt abrufen ist also Branding. Aber wie funktioniert es genau?

EIN ANKER FÜR UNSERE INNERE RUHE

Jeder Mensch hat Anker. Anker sind Reize, die in unserem Gehirn mit bestimmten Erinnerungen verknüpft sind. Werden sie ausgelöst, erzeugen sie in uns wie auf Knopfdruck gewisse Gedanken, Bilder, Gefühle und Sinneseindrücke. Diese Verbindungen haben sich im Laufe unseres Lebens entwickelt und sind individuell verschieden.

Wir arbeiten im Training mit unseren Spitzensportlern seit vielen Jahren mit Ankertechniken und machen uns dabei neue spannende Ansätze zunutze, um schneller ans Ziel zu kommen. Wäre es nicht unglaublich, wenn wir einige unserer Anker selbst steuern könnten? Wäre es nicht großartig, das eigene Entspannungslevel auf Knopfdruck verbessern zu können?

Ich habe in meinem mentalen Arbeiten eine Methode entdeckt, mit der genau das möglich ist. Und in diesem Kapitel möchte ich dir zeigen, wie du sie für das Abrufen von Entspannungsgefühlen einsetzen kannst. Denn mit ihrer Hilfe kann es dir gelingen, dein im Training erreichtes Entspannungsgefühl mit einem Anker zu verbinden, sodass es bei jedem weiteren Auslösen dieses Reizes automatisch erzeugt wird – ganz ohne Aufwand, ganz ohne langes Entspannungstraining.

Das heißt, du musst dich dazu nicht mehr ständig allen Phasen der Entspannungstechniken hingeben, um zu spüren wie du Schritt für Schritt innerlich ruhiger wirst. Selbstverständlich sind die Entspannungstechniken immer wieder eine angenehme tolle Anleitung zum Bekämpfen von Stress und zur inneren Beruhigung mit Wellness-Charakter. Aber wenn es mal schnell gehen muss und dafür keine Zeit ist, dann kannst du das Branding einsetzen. Wenn du einige Wochen lang Branding in Kombination mit deiner Lieblings-Entspannungstechnik trainierst, dann funktioniert das Abrufen des entspannten Zustandes wirklich in nur wenigen Sekunden.

Immer wenn du keine Kraft mehr hast, immer wenn dich negative Gedanken beherrschen, wenn du Stress erlebst – dann rufst du deinen antrainierten Anker ab. Dadurch wird alles Negative in dir verschwinden und sich in entspanntes Glückgefühl verwandeln. Mit Branding ist es dir also möglich, deine Gedanken selbst zu steuern und in die richtige Richtung zu lenken.

SCHLAFLOS AM FUSSBALLPLATZ

Seit vielen Jahren betreuen wir ja im Horeth-Institut auch sehr intensiv Profi-Fußballer diverser Bundesliga-Vereine. Zu Beginn gibt es bei uns einen ersten Analysetag mit dem Sportler, an dem unser gesamtes Team anwesend ist, um einander kennen zu lernen und die Wünsche und Bedürfnisse des Athleten herauszuarbeiten.

Wir alle kennen ja das oft geschürte Vorurteil „Fußballer haben nichts im Kopf“. Interessanterweise kann ich dieses Vorurteil in keiner Weise bestätigen, da bisher jeder Fußballer, der mit uns trainierte, ein intelligenter, aufmerksamer und sympathischer Sportler war. Viele bilden sich in ihrer Freizeit weiter, lernen, ja studieren sogar nebenbei, um in Zukunft – nach ihrer Fußballerkarriere – weiterhin gute Berufsaussichten zu haben. Eines haben aber viele von ihnen gemeinsam: Sie denken oft zu viel nach, beschäftigen sich mit zu vielen Gedanken und können dadurch oft nicht richtig entspannen, ja haben oft sogar echte Schwierigkeiten, einschlafen zu können.

Spielemotionen, persönliche Erfahrungen, Existenzsorgen, Unsicherheiten, Druck und Kommentare von Trainerseite und Medienkritik spielen hier eine große, beeinflussende Rolle im Entspannungs- und Einschlafprozess.

Wir entwickeln gemeinsam mit den Sportlern und ihren Trainern sogenannte Branding-Systeme. Hier lernt der Sportler seine Entspannungsfähigkeit noch besser auszunutzen, indem er vor dem Wettkampf oder auch danach schneller sein Entspannungsgefühl abrufen kann. Heutzutage sind meiner Meinung nach Entspannungstechniken alleine zu wenig, um der beruflichen Hektik und den Herausforderungen zu entkommen. Man muss dem Körper das Gefühl der Entspannung auf noch intelligentere Weise entlocken. Wenn ein Fußballer nach dem Spiel nicht einschlafen kann, dann trainieren wir mit ihm, sich so schnell wie möglich in einen tiefen Entspannungszustand zu versetzen, damit es ihm dann leichter fällt, endlich zu schlafen. Ist ein Fußballer vor dem Spiel unruhig und nervös und braucht aber für seine gewohnte Konzentration mehr innere Ruhe, dann lehren wir ihn eine Branding-Technik, die es möglich macht, viel schneller in den gewünschten Zustand zu kommen als mit herkömmlichen Methoden.

DIE PSYCHOLOGIE DES ANKERNS

Ein mentaler Anker tut grundsätzlich nichts anderes als ein Schiffsanker! Er hält uns für eine gewisse Zeit fest und fokussiert uns somit auf einen ganz bestimmten, sicheren Punkt.

Wissenschaftler entdeckten das Ankern, indem sie Psychotherapeuten bei ihrer Arbeit zusahen. Dabei beobachteten sie, dass diese während ihrer Sitzungen mit Klienten durch Worte, Gesten, Geräusche und Berührungen Heilswege ankerten. Ein Therapeut nutzte zum Beispiel gezielt und systematisch Stühle als Anker, um es den Patienten zu erleichtern, andere Perspektiven einzunehmen. Ein anderer veränderte jedes Mal seine Stimme, um den Beginn eines Veränderungsprozesses einzuleiten.

Das Grundprinzip, das hier verwendet wurde – einen Reiz gezielt mit einer bestimmten Reaktion zu verbinden – war allerdings nicht neu. Es wurde bereits von dem russischen Wissenschaftler Iwan P. Pawlow unter dem Namen „Klassische Konditionierung“ bekannt gemacht.

KLASSISCHE KONDITIONIERUNG ALS URSPRUNG DES ANKERNS

Damit du dir nun ein besseres Bild davon machen kannst, wie und warum das Ankern funktioniert, möchte ich dir dieses Prinzip kurz erklären.

Als Konditionierung wird in der Psychologie grundsätzlich das Erlernen von Reiz-Reaktions-Mustern verstanden. Man versucht also durch einen gewissen Reiz bei einem Lebewesen eine bestimmte Reaktion hervorzurufen. Dabei unterscheidet man zwei Arten – die Klassische und die Instrumentelle Konditionierung. Für unsere Zwecke ist vor allem die erste interessant, weshalb ich hier nur auf diese Art eingehen werde.

Iwan P. Pawlow entdeckte die Klassische Konditionierung, als er Experimente zum Verdauungsverhalten von Hunden durchführte.

Du hast sicherlich schon in der Schule vom Pawlow'schen Hund gehört. Im Zuge des Experiments ließ Pawlow über eine gewisse Zeitspanne hinweg unmittelbar vor jeder Futterausgabe eine Glocke läuten. Nach einer Weile beobachtete er dann, dass allein dieses Läuten der Glocke bei den Hunden eine vermehrte Speichelbildung auslöste. Sie hatten gelernt, das Läuten als Hinweis für eine bevorstehende Fütterung zu deuten. Ihm war es also gelungen, eine angeborene Reaktion (die Erhöhung des Speichelflusses) durch eine wiederholte zeitnahe Darbietung eines tatsächlichen, also unkonditionierten Reizes (die Fütterung) auf einen neutralen Reiz (das Läuten der Glocke) zu übertragen.

Im Laufe der Zeit fand man heraus, dass sich dieses Lernprinzip für die unterschiedlichsten Bereiche anwenden lässt. Auch gelerntes Verhalten wie etwa das „Handvorhalten" beim Gähnen würde sich so nach einer Weile auf einen neutralen Reiz, also einen, der üblicherweise nichts mit diesem Verhalten zu tun hat, übertragen lassen. Die einzige Voraussetzung für den Lernerfolg ist das räumlich und zeitlich nahe Zusammentreffen beider Reize und die mehrfache Wiederholung dieses Vorgangs.

BABYS ANKERN AUCH

Babys lernen auch im Schlaf. Einer Versuchsgruppe mit ein bis zwei Tage alten Säuglingen wurde im Schlaf ein Ton vorgespielt. Im Anschluss daran erhielten sie einen Lufthauch auf ein Augenlid. Der Lufthauch reizte die Säuglinge zum Zwinkern. Nach mehrmaligem Wiederholen dieser Vorgänge zwinkerten die Babys bereits beim Hören des Tons. Sie hatten gelernt, dass auf den Ton ein Lufthauch folgt und waren in der Lage, einen Zusammenhang zwischen den beiden verschiedenen Ereignissen herzustellen. Die Säuglinge der Kontrollgruppe, die nur zufällig Ton und Lufthauch ausgesetzt wurden, reagierten hingegen nicht mit vorzeitigem Zwinkern. Messungen der Gehirnaktivität ergaben darüber hinaus, dass die Säuglinge der Versuchsgruppe das neu Gelernte gegen Ende des Trainings auch im Gedächtnis festhielten.

EMOTIONALE KONDITIONIERUNG

Werden im Rahmen einer Konditionierung gefühlsmäßige Reaktionen gelernt, dann spricht man von der emotionalen Konditionierung. Das wäre zum Beispiel der Fall gewesen, wenn die Hunde in Pawlows Experiment plötzlich bei jedem Glockenläuten freudig und aufgeregt mit dem Schwanz gewedelt hätten.

Die emotionale Konditionierung ist für uns von besonderer Bedeutung, denn das Branding, so wie wir es praktizieren, ist mit dieser Methode stark verwandt. Unser Ziel ist ja ebenfalls, einen neutralen Reiz mit einer emotionalen Reaktion zu verbinden. Beim Branding nützt man einen entspannten Moment, um die Entspannung mit einem Sinneseindruck, der immer gleich ist, zu verbinden.

Das absolut Erfreuliche ist, dass die emotionale Konditionierung noch viel leichter durchführbar als die herkömmliche Variante. Während es üblicherweise unzähliger Wiederholungen bedarf, um einen Reiz an eine Reaktion zu binden, genügen bei der emotionalen Konditionierung in manchen Fällen tatsächlich nur wenige Verbindungsaktionen. Dabei gilt: Je emotionaler der Moment ist, umso weniger Wiederholungen sind nötig. Bei manchen Menschen, die einmal einen schlimmen Autounfall erlebt haben, hat sich etwa der Geruch von „verbrannten Reifen“ so stark in ihr Gehirn eingebrannt, dass auch noch nach langer Zeit ein nur ähnlicher Geruch sofort diese schrecklichen Erinnerungen wieder hochkommen lässt. Derartige Konditionierungen können nur sehr schwer wieder gelöscht werden. Aber natürlich ist so etwas auch mit positiven Emotionen möglich und das nicht weniger erfolgreich.

Auch Werbung und Marketing machen sich die Methode heutzutage vielfach zu Nutze. Da sich die Produkte immer weniger unterscheiden lassen, versucht man sie mit Emotionen aufzuladen. Marke und Produkt werden zu diesem Zweck in der Werbung wiederholt mit emotionalen Reizen gekoppelt. Nach einer Weile verbinden wir, die Konsumenten, mit dem ursprünglich neutralen Markennamen bestimmte Gefühle.

Hier spricht man dann im Gegensatz zur informativen Werbung, die den Kunden mit Argumenten überzeugen will, von emotionaler Werbung. Weil sie beim Kunden auf indirektem Wege, mit Hilfe emotionaler Appelle, positive Gefühle zu einem entsprechenden Produkt erzeugen will.

Solche Werbesignale können auf verschiedenste Emotionen ausgerichtet sein wie zum Beispiel auf Erotik, Abenteuer, Freiheit, Natur oder aber auch auf Gemütlichkeit, Sportlichkeit, Jugendlichkeit, Geborgenheit und Tradition. Das Besondere daran ist, dass die emotionale Konditionierung in der Werbung unabhängig davon funktioniert, ob zwischen Produkt und Gefühl eine logische Verbindung besteht oder nicht.

ANKERN IM ALLTAG

Nun scheint das Ankern sogar so „alltäglich“ zu sein, dass die Wissenschaftler Richard Bandler und John Grinder eine Parallele zu Paul Watzlawicks Satz „Man kann nicht nicht kommunizieren“ feststellten. Denn man könne auch nicht nicht ankern, so meinten sie!

Um dein Bewusstsein für deine eigenen Anker und deren Einfluss auf deine Entspannung zu schärfen, möchte ich dir einige der unzähligen Beispiele des Ankerns in unserem Alltag zeigen. Denn ohne unser Wissen verbindet unser Unterbewusstsein regelmäßig gewisse Reize mit bestimmten Gefühlen. Diese werden mit Hilfe unserer fünf Sinne gespeichert und so finden wir sie auch in allen Sinnessystemen wieder. Hier einige Beispiele für unbewusste Anker in unserem Alltag:

- Visueller Anker: sehen wir ein Bild eines Klassenzimmers, löst es Erinnerungen an unsere Schulzeit aus.
- Auditiver Anker: ein Lied im Radio lässt uns an unsere erste Liebe denken.
- Olfaktorischer Anker: der Geruch von Sonnencreme lässt Sommergefühle im Freibad wieder aufleben.
- Gustatorischer Anker: der Geschmack von Zimtsternen führt uns zurück zu den Weihnachtsgefühlen unserer Kindheit.
- Visuell-kinästhetischer Anker: Wir greifen nach einem bestimmten Kleidungsstück, das wir in schwierigen Situationen getragen haben, die wir aber erfolgreich gemeistert haben.
- Kinästhetischer Anker: eine bestimmte Berührung, die Erinnerungen an eine vergangene Beziehung auslöst.

Durch das Ankern können allerdings wie gesagt nicht nur positive, sondern auch negative Gefühle ausgelöst werden. Es wird dir beispielsweise eine fremde Person vorgestellt – du hörst ihren Namen und das löst unangenehme Gefühle aus, weil derselbe Name zu einer Person aus deiner Vergangenheit gehört, die dir nicht wohlgesonnen war.

Doch obwohl uns die Anwendung des Ankermechanismus in der Regel nicht bewusst ist, ankern wir interessanterweise gelegentlich auch im Alltag sehr zielgerichtet. Das heißt, wenngleich wir auch nicht wissen, dass wir diese Technik anwenden, so schaffen wir uns dennoch zu vielen Anlässen Anker, um bewusst bestimmte Erlebnisse zu erinnern und zu festigen – beispielsweise, wenn wir

- schöne und berührende Momente mit Foto und Film festhalten
- Feste wie Geburtstage und Weihnachten feiern

- zur Kirche gehen und beten
- zu bestimmten Anlässen die dazu passende Kleidung in einer bestimmten Farbe auswählen
- traditionell leben (Trachtenvereine, Schützenverein, Gesangsverein u.v.m.)
- Ereignisse ritualisieren (dem Kind vorlesen vor dem Schlafengehen, gemeinsam kochen, Kegelabend, Theaterabo, Bridge-Club etc.)
- unsere eigene Musik finden und lieben
- beim Sprechen die gleiche Wortwahl einsetzen

MR. BRAIN
Wissenschaft für jedermann

ANKERN IN DER WISSENSCHAFT

Beim Ankern handelt es sich um eine Grundform des Lernens. Dabei wird eine Verknüpfung zwischen bestimmten Reizen gebildet. Man lernt zum Beispiel eine Verbindung zwischen einem Sinnesreiz und einer Emotion. Aber was passiert in unserem Gehirn, wenn wir Assoziationen herstellen? Warum funktioniert das Ankern? Mithilfe von bildgebenden Hirnforschungsverfahren konnte die Neuropsychologie zeigen, dass die Verbindung zweier Neuronen, die wiederholt gemeinsam aktiv sind, sich durch Wachstum verändert, sodass ein gemeinsames „Feuern" verstärkt wird.

Wenn man also beim Ankern einen bestimmten Zustand mit einem spezifischen visuellen, akustischen oder taktilen Reiz oder einem Geruch verknüpft, so werden die entsprechenden Nervenzellen im Gehirn aktiviert und verbinden sich dadurch. Neue synaptische Verbindungen entstehen und werden durch häufige Aktivierung gesteigert. Die neuronale Verknüpfung erklärt, warum irgendwann beim Auftreten des bestimmten Reizes gleichzeitig der entsprechende Zustand hervorgerufen wird. Ankern wird also umso effektiver, je öfter man die Verbindungen trainiert und übt.

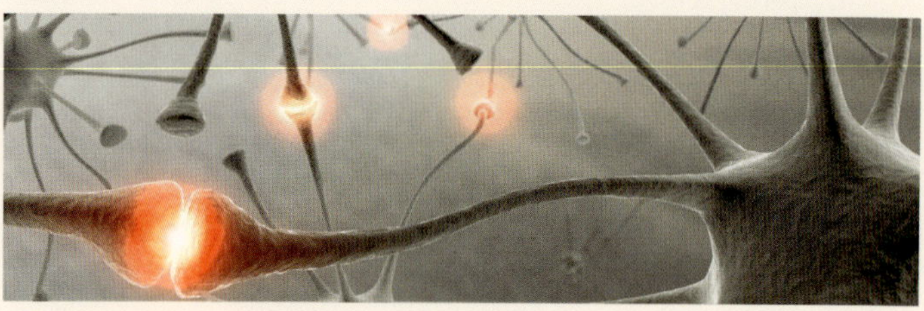

Beispielbild für die Verknüpfung von Neuronen beim und nach dem Lernen neuer Assoziationen.

ANKER KENNENLERNEN UND ERLEBEN

Bestimmt hast auch du einige Anker, die ohne dein Wissen besondere Erlebnisse in dir fixiert haben. Führe sie nun der Reihe nach aus und notiere die Gedanken, Gefühle und Erinnerungen, die du mit ihnen verbindest in den Zeilen darunter. Lass dich ein auf einen kleinen Ausflug in deine Vergangenheit!

HORETH Mentalübung

1) Musik:

Hast du noch CDs, Kassetten oder Platten aus deiner Jugend? Such einmal danach, besonders nach jenen, die du schon lange nicht mehr gehört hast und spiel sie ab. Hast du eine bestimmte Situation vor Augen?

2) Bücher:

Lass uns noch etwas weiter zurückgehen – in deine Kindheit. Ich möchte, dass du dich nun nach deinen Lieblingsbüchern von damals umsiehst. Wähle eines aus, blättere etwas darin und lies ein paar Seiten. Welche Erinnerungen kommen dir in den Sinn?

3) Gewürze:

Nun geh bitte zu deinem Küchenschrank und rieche an Zimt und Nelken. Was fällt dir dazu ein?

4) Fotos:

Hast du noch Bilder von deiner ersten großen Liebe? Oder von einem ganz besonderen Urlaub, der schon weit zurück liegt? Sieh dir diese Bilder wieder einmal an und beobachte deine Emotionen.

Na, wie ist es dir ergangen? Konntest du Gefühle spüren? Hast du dich auch an Dinge erinnert, die du schon fast vergessen hattest? Bestimmt ist dir mehr eingefallen, als du erwartet hast! Das unbewusste Verankern geschieht nämlich eigentlich sogar laufend auf unterschiedlichste Art und Weise, allerdings natürlich nicht immer gleich intensiv.

Beim Branding wirst du nun lernen, bewusst Gefühle der Entspannung mit einem Anker zu verknüpfen und zwar so, dass du diese in Folge immer, wenn dir danach ist, klar und deutlich spüren wirst.

BRANDINGTECHNIKEN

Du siehst, dass eigentlich alles, worauf wir reagieren, ein Anker für Reaktionen ist. Welcher Anker könnte das nun sein, mit dem so etwas gelingen kann? Wie kann man sich das konkret vorstellen? Mögliche Anker lassen sich grundsätzlich in allen Sinnesbereichen finden. Zum Beispiel kann ein bestimmter Geschmack oder auch ein Foto als Gedankenstütze dienen. Ebenso können wir Musikstücke, Geräusche oder Wörter mit einem speziellen Erlebnis verbinden. Auch Düfte sind oft sehr gut geeignet.

Tatsächlich ist das Ankern auch ein lebenswichtiger Bestandteil menschlicher Orientierung – und so können wir eben nicht nicht ankern. Anker schaffen innere Landkarten in unserem Kopf, indem äußere Signale an unterschiedlichen Stellen im Gehirn verarbeitet werden. Hier werden sie zu Bildern, Gerüchen und Tönen sowie zu Sprache, Gedanken und Gefühlen zusammengesetzt.

TIPP: Je nachdem, welcher Entspannungstyp du bist – entweder entsprechend dem Test hier im Buch oder auch durch deine persönlichen Erfahrungen und Beobachtungen – kannst du nun die für dich optimale Brandingmethode wählen.

HÖREN	**SEHEN**	**FÜHLEN**	**RIECHEN**
BRANDING: TONTECHNIK	*BRANDING: BILDTECHNIK*	*BRANDING: BERÜHRUNGS-TECHNIK*	*BRANDING: DUFTTECHNIK + GESCHMACK*

Reagierst du zum Beispiel sehr stark auf optische Reize und bist laut Test ein Visueller Entspannungstyp, dann ist die hier folgende Bilder-Technik sicherlich sehr geeignet für dich.

DAS SINNESWUNDER MENSCH

Das Auge übersetzt den visuellen Reiz in weniger als 2 Zehntelsekunden. Das Ohr des Menschen nimmt Frequenzen zwischen 16 und 20000 Hertz wahr und macht es möglich, bis zu 400000 Töne zu unterscheiden und sogar die Richtung, aus der sie kommen. Gleiches gilt bei der Haut: Mehr als 200 Milliarden Nervenzellen entgeht nichts. Der Tastsinn nimmt als haptischer Reiz Unebenheiten von bis zu 0,01 Millimeter war. Dabei steht ihm das circa 2 m² große Tastorgan – die Haut – zur Verfügung. Der Mensch kann mit seinen 30 Millionen Riechzellen zwischen ca. 10000 unterschiedlichen olfaktorischen Reizen unterscheiden – allerdings nur ca. 50% davon benennen. Ein erwachsener Mensch verfügt etwa über 2000 bis 5000 Geschmacksknospen mit durchschnittlich je 100 Sinneszellen. Interessant ist die unterschiedliche Reaktionsgeschwindigkeit auf verschiedene Reize. Am schnellsten reagiert der Mensch auf taktile Reize, gefolgt von akustischen und visuellen Reizen.

„Der Mensch ist eine Sonne.
Seine Sinne sind seine Planeten."
Novalis

VISUELLE TECHNIKEN

DER MENSCHLICHE SEHSINN

Der Sehsinn, auch visuelle Wahrnehmung genannt, ist die Aufnahme und Verarbeitung von optischen Reizen, bei der eine Filterung relevanter Informationen, die Erkennung von Elementen und die dazu passende Interpretation durch Erinnerungen passiert.

Unsere Augen kann man als hoch entwickelte Linsenaugen bezeichnen. Fällt Licht auf das Auge, dann gelangt es durch die durchlässige Hornhaut und die Pupille ins Auge. Die Pupille selbst ist die kreisförmige Öffnung der farbigen Iris, die durch Muskeln den Öffnungsgrad an die Lichtverhältnisse anpasst. Direkt hinter der Iris liegt die elastische Augenlinse, die das Licht bricht, das auf der Rückseite des Augapfels auf die Netzhaut trifft.

Diese wandelt die Lichtsignale in Informationen um, die anschließend vom Sehnerv an das Gehirn geschickt werden. Dort erst wird es als Bild verarbeitet und mit Erfahrungen verglichen und erweitert.

Die visuellen Reize wie Bilder, Logos, Farben oder Formen sind für die menschliche Sinneswahrnehmung die wichtigsten. Der Sehsinn ist der informativste Sinn und liefert uns bis zu 80 Prozent der Informationen zu unserer Umwelt. Die Augen übernehmen viele nützliche und wichtige Aufgaben für uns Menschen. Als Alarmanlage warnen sie uns vor Gefahren im Alltag und lassen Hindernisse klarer erkennen. Als Scanner reagieren sie blitzschnell auf Bewegungen und lassen uns unterschiedlichste Farben, Formen und Entfernungen wahrnehmen. Und als Beobachtungsinstrument sind sie unerlässlich für zwischenmenschliche Beziehungen, um Reaktionen und Stimmungen erkennen zu können. Nicht ohne Grund zeigen sogar Babys schon großes Interesse an Gesichtern.

PHASE 1: BRANDING-BILD DEFINIEREN

Unser erster Schritt ist nun, deinen Anker auszuwählen. Dieser muss aus einem klar bestimmten optischen Reiz bestehen. Ich würde dir empfehlen, ein Bild, Foto oder Symbol auszuwählen, das für dich maximale Entspannung symbolisiert.

Vielleicht ist es ein Schnappschuss deines letzten Urlaubsortes oder eine Zeichnung deiner Kinder? Ich nenne deine persönliche Wahl das Bild X.

Folgende Wirkung soll dein Bild X bei dir hervorrufen: Jedes Mal, wenn du dieses Bild betrachtest und intensiv mindestens 20 Sekunden lang auf das Bild X blickst, wird das Entspannungsgefühl in dir entstehen, das du beim Üben deiner Entspannungstechnik bereits erlebt und antrainiert hast.

Dein Bild X:______________________________________

PHASE 2: VERANKERUNG

Immer, wenn du dich gerade entspannt fühlst oder deinen Zustand der Entspannung durch die Relaxformel erreicht hast, öffnest du nach dem Anwenden der Formel deine Augen, nimmst dein Bild X zur Hand und blickst mindestens 1 bis 2 Minuten lang auf dieses Bild. Du nimmst alles darauf wahr und versuchst dazu gleichzeitig intensiv deine Entspannung zu spüren.

Zu diesem Ablauf sagst du zu dir selbst in deinen Gedanken einige Male hintereinander:

„Jedes Mal, wenn ich auf mein Bild X intensiv blicke, werde ich dieses Entspannungsgefühl spüren. Jedes Mal, wenn ich die Details von meinem Bild X erkenne und sehe, werde ich diese innere Ruhe in mir auslösen und es wird von Tag zu Tag intensiver und stärker werden. Auch in stressigen Momenten wird das Bild, sobald ich es ansehe, innere Ruhe und Gelassenheit in mir auslösen."

Nimm dir einige Minuten Zeit, um diese Suggestionen zu dir selbst zu sprechen.

AUDITIVE TECHNIKEN

DER MENSCHLICHE HÖRSINN

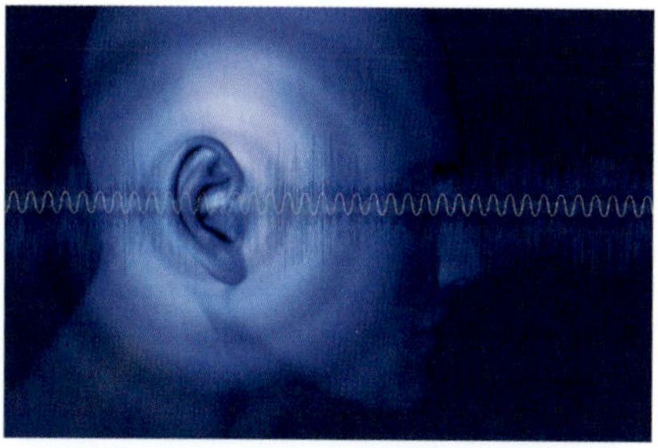

Wir Menschen können mit unserem Gehörsinn Unglaubliches leisten und wir können unser Gehör nicht abschalten. Von Geburt an lernt das Gehirn, Geräusche und Töne mit konkreten Personen, Tieren oder Situationen zu verbinden und zu unterscheiden – und kann schließlich beispielsweise vom Bellen eines Hundes auf das konkrete Tier schließen.

Tag und Nacht, 24 Stunden täglich, ein Leben lang sind deine Ohren im Einsatz. Dabei leisten sie wirklich Unglaubliches. Zum Beispiel können wir extrem leise Geräusche wahrnehmen. Wenn wir ebenso gut sehen könnten, würden wir eine 10-Watt-Birne noch aus 1000 Kilometern Entfernung erkennen.

Neben dem Hören von Tönen im Allgemeinen kommt dem Gehör eine wichtige Funktion als sogenannte „Alarmanlage" des Körpers zu. Im Straßenverkehr warnt uns das Gehör beispielsweise vor herannahenden Autos oder in der Freizeit vor lästigen Mücken. Damit Hören auch wirklich funktioniert, müssen viele Einzelelemente mitspielen: Das Trommelfell fängt den Schall ein und leitet die Schwingungen über Hammer, Amboss und Steigbügel zur Schnecke. Dort schwingt Flüssigkeit im Schallrhythmus und erregt die Haarzellen, die elektrische Impulse an das Gehirn senden. Fällt nur ein Glied in der Kette aus, kommt es zu Schwerhörigkeit.

Neben der Funktion als Alarmanlage dient uns unser Gehör auch als Orientierungshilfe. Das Gehör unterstützt uns bei der Orientierung im Raum. Bei geschlossenen Augen hören wir zum Beispiel, ob wir uns in einem großen Raum oder in einem kleinen Zimmer befinden. Da wir mit zwei Ohren hören, können wir einschätzen, aus welcher Richtung Geräusche kommen. Natürlich ist das Hören auch bei der Verständigung mit Sprache ein der wesentlichsten Aufgabe unseres Gehörsinns.

Dank unseres Gehörs können wir sprechen und verstehen lernen. Mit gesundem Gehör sind Gespräche auch unter extrem ungünstigen Bedingungen, wie etwa bei Hintergrundgeräuschen, krachender Telefonverbindung oder in hallenden Räumen möglich. Zudem nehmen wir über unser Gehör Informationen auf. Durch Gespräche, Zuhören, Radio hören und auch den Fernsehton bekommen wir Neuigkeiten und Aktuelles vermittelt bzw. die notwendigen Informationen, um den dargebrachten Inhalt der Bilder besser zu verstehen.

Ein nicht zu unterschätzender Aufgabenbereich unseres Gehörganges ist es, Stimmungen zu transportieren. Bei Gesprächen hören wir mehr als nur Worte. Wir nehmen auch die Lautstärke, Sprachmelodie, Tonhöhen und Stimmklänge wahr und entschlüsseln somit die Stimmungen und Gefühle der Menschen.

„Der Mensch hat zwei Ohren und eine Zunge,
damit er doppelt so viel hören kann, wie er spricht.“

Epiktet

BRANDING TECHNIK

TON-TECHNIK

PHASE 1: BRANDING-TON DEFINIEREN

Wenn du eine akustische Brandingtechnik für dich gewählt hast, dann suche dir ein besonderes Lied, eine bestimmte Melodie oder einfach nur ein spezielles Geräusch, das deinem Empfinden nach für Entspannung steht. Wir nennen dieses akustische Geräusch den Ton X.

Das könnte ein ruhiger Song einer deiner Lieblingskünstler, eine entspannende Melodie auf deinem Handy oder das Geräusch eines kleinen Tischventilators sein. Wichtig ist nur, es muss dir gefallen und es muss hörbar sein.

Folgende Wirkung soll dein Ton X bei dir hervorrufen: Jedes Mal, wenn du diesen Ton für mindestens 30 Sekunden hörst, wird das Entspannungsgefühl in dir entstehen, das du beim Üben deiner Entspannungstechnik bereits erlebt und antrainiert hast.

Dein Ton X:____

PHASE 2 – VERANKERUNG

Sobald du deine persönliche Entspannungsübung beendest und dich innerlich ruhig fühlst oder in diesem Falle auch während der Übung, setzt du dir am besten einen Kopfhörer auf, um keine Nebengeräusche wahrzunehmen und hörst mindestens drei Minuten Ton X. Dazu ist es wichtig, gleichzeitig intensiv deine Entspannung zu erleben.

Zu diesem Ablauf sagst du dir in deinen Gedanken immer wieder:

„Jedes Mal, wenn ich diesen Ton X (diese Musik) höre, werde ich dieses Entspannungsgefühl spüren. Jedes Mal, wenn ich die angenehmen Klänge meines Tons X höre, werde ich diese innere Ruhe in mir auslösen und es wird von Tag zu Tag intensiver und stärker werden. Auch in stressigen Momenten wird der Ton X, sobald ich ihn höre, innere Ruhe und Gelassenheit in mir auslösen."

Sag diese Suggestionsformeln so lange immer wieder zu dir selbst, bis Ton X beendet ist.

OLFAKTORISCHE TECHNIKEN

DER MENSCHLICHE GERUCHSSINN

Der Geruchssinn wird auch olfaktorische Wahrnehmung genannt und ist bereits bei der Geburt vollständig entwickelt. Er hat sich als der unbewusste Sinn schlechthin herauskristallisiert. Man kann die Nase eben nur bedingt schließen, und der Geruchssinn ist an das lebensnotwendige Atmen gekoppelt. Riechen ist sozusagen ein Schmecken auf Distanz, trotzdem aber auch eine Einnahme in den Körper. Man kann um die Ecke riechen und auch während des Schlafes Düfte wahrnehmen.

Das Geruchsorgan selbst hat sein Zentrum in der Nasenmuschel, genauer gesagt handelt es sich um sogenannte Knochenplättchen, die von Schleimhaut überzogen und mit ca. zehn Millionen Sinneszellen bestückt sind.

Wie kann man sich aber den Ablauf des Riechens vorstellen? Im ersten Schritt wandern die Duftmoleküle in die Nase und gelangen zu den Riechhaaren der Riechsinneszellen. Vom Riechkolben aus gelangt die verschlüsselte Information dann durch den Riechstrang in das Nervensystem, in dem die Botschaft entschlüsselt und in eine Geruchsempfindung umgewandelt wird. Unser Geruchssinn wird nicht vom Großhirn überwacht, sondern steht in direktem Kontakt mit dem limbischen System und dadurch auch mit unserer Gefühlswelt. Das limbische System ist der Teil des menschlichen

Gehirns, der Emotionen steuert und an der Entstehung von Triebverhalten maßgeblich beteiligt ist. Die individuelle Bedeutung der Gerüche lässt sich erst nach einer Interpretation der Sinneserregungen feststellen.

Auch wenn alle Sinne versagen, ist der Geruchssinn häufig die einzige wirkliche verlässliche Quelle. Er hilft uns oft dabei, über Situationen zu entscheiden und den richtigen Schritt zu erkennen.

„Düfte sind die Gefühle der Blumen"

Heinrich Heine

SPITZENSPORTLER BEEINFLUSSEN SICH DURCH DÜFTE

HORETH Backstage-Info

Unser Gehirn merkt sich die Kombination aus Düften, Emotionen und Erinnerungen. Das ist auch der Grund, warum wir Gerüche mit bestimmten Situationen oder Ereignissen kombinieren und aus unserem „Duftgedächtnis" wieder abrufen.

Bei einigen der von uns betreuten Profisportler fanden wir heraus, dass sie einen sehr ausgeprägten Sinn für Gerüche haben und, sobald sie ihre Lieblingsdüfte rochen, sofort in einen bestimmten emotionalen Zustand fielen, wie z.B. Freude, Glück, Begeisterung, Leichtigkeit und Gelassenheit. Diese Erkenntnis nützen wir auch heute noch, indem wir vor dem Wettkampf, genau dann, wenn viele Sportler Gelassenheit benötigen, in ein mentales Training das Riechen an diesen speziellen individuell aktivierenden Düften mit einbauen.

Die Beeinflussung durch spezielle Düfte ist viel weiter verbreitet, als du es dir vielleicht vorstellen kannst. Nach der erfolgreichen optischen und akustischen Reizüberflutung zur Verbesserung von Verkaufszahlen haben schlaue Marketingexperten ein neues Betätigungsfeld gefunden – das Duftmarketing. Duftmarketing ist mittlerweile in keiner Branche mehr wegzudenken und darüber hinaus äußerst wirksam. Hast du dich schon einmal vom Duft frischen Brotes anstecken lassen? Genau durch diese besonderen Düfte soll der Kunde dazu angeregt werden, etwas zu kaufen. Oft ist es sogar so, dass künstlicher Brotduft mittels Ventilator in die Straße geblasen wird, um Kunden anzulocken.

Viele Unternehmen kreieren eigene Düfte, um dem Kunden überall auf der Welt das gleiche Gefühl zu geben und ihn damit an das Unternehmen zu binden. Hotelketten verströmen in den Zimmern oft spezielle Raumdüfte, die es für den Gast vor Ort auch noch zu kaufen gibt. Die Fluglinie Singapore Airlines wiederum beduftet heiße Tücher, die dem Fluggast beim Start der Maschine gereicht werden, mit ihrer Hausmarke und verspricht damit Wohlgefühl, Service und einen angenehmen Flug. Auch die Flugbegleiter verwenden diesen Duft als Parfum. So ist der Fluggast während des gesamten Fluges umgeben von diesem besonderen Duft. Im besten Fall ist der Flug für den Gast ein angenehmes Erlebnis, welches danach positiv mit dem Geruch verbunden wird – der Fluggast wurde auf den Duft konditioniert.

Die Schwierigkeit bei der Kreation der Düfte liegt jedoch in der Komposition der Bestandteile und in der Wahl der Intensität. Während Amerikaner beim Duft ihrer Wäsche süße und nicht naturidentische Komponenten wie Zimt, Apfel und Vanille bevorzugen, akzeptieren Konsumenten in vielen europäischen Ländern nur frisch duftende Wäsche. In den unterschiedlichen Kulturen werden somit immer jene Düfte präferiert, die man aus dem Alltag kennt und mit denen man positive Empfindungen verbindet.

MR. BRAIN
Wissenschaft für jedermann

DÜFTE HOLEN VERGESSENES ZUM VORSCHEIN

„Gerüche und Erinnerungen sind eng miteinander verknüpft“, bestätigt die Psychologieprofessorin Rachel Herz von der Brown-Universität im US-Bundesstaat Rhode Island. Ihre Forschungen belegen, dass Gerüche und Düfte lebendigere Erinnerungen wecken als visuelle Erinnerungen allein.

Zum Beispiel hat die Wissenschaftlerin nachgewiesen, dass der Geruch des Parfüms einer ehemaligen Liebschaft die Erinnerung an den einst geliebten Menschen viel stärker erleben lässt als nur der Anblick der besagten Parfümflasche. Gehirnmessungen bewiesen, dass bei Erinnerungen, die durch einen speziellen Duft abgerufen werden, das emotionale Gedächtnis viel stärker aktiviert wird. Selbst ein scheinbar bereits vergessener Geruch kann sogar verdrängte Erinnerungen wieder zurückbringen.

PHASE 1: BRANDING- DUFT DEFINIEREN

In Phase 1 der Duft-Technik wählst du einen angenehmen, sinnlichen, entspannenden Duft als Branding Duft. Das kann ein kleines Fläschchen mit einem besonderen Duft sein, der dich vielleicht an einen wunderschönen Urlaub erinnert, oder eine Reise in die Provence, oder aber auch eine gut riechende Duftkerze, die nach dem Anzünden deinen ganzen Raum in eine wohlduftende Relaxoase verwandelt. Ich nenne deine persönliche Wahl den Duft X.

Folgende Wirkung soll dein Duft X bei dir hervorrufen: Jedes Mal, wenn du diesen Geruch wahrnimmst und intensiv mindestens eine Minute lang riechst, wird das Entspannungsgefühl in dir entstehen, das du beim Üben deiner Entspannungstechnik bereits erlebt und antrainiert hast.

Dein Geruch X:______________________________

PHASE 2: VERANKERUNG

Jedes Mal, wenn du dir täglich etwa 10 Minuten Zeit für deine Entspannungsübungen nimmst, zündest du als eine Variante zeitgleich eine Duftkerze an und nimmst den Duft während des Trainings immer mehr wahr. Oder du sprühst eine Augenmaske mit deinem Duft ein und machst dann deine Entspannungsübungen, um so von Anfang an den Duft ständig präsent zu haben. Variante drei: Du riechst, nachdem du deinen Entspannungszustand erreicht hast, intensiv einige Minuten lang an deinem Duft X. Wichtig ist, den Duft zu riechen, während du dich entspannt fühlst. Je öfter dies passiert, desto mehr wirst du unbewusst den Duft mit Entspannung verbinden und auch nach einiger Zeit tief in deinem emotionalen Gedächtnis gespeichert haben. Während du diesen Duft X riechst und aktiv wahrnimmst, sagst du dir in deinen Gedanken immer wieder:

„Jedes Mal, wenn ich meinen Duft X rieche, werde ich dieses Entspannungsgefühl spüren. Jedes Mal, wenn ich meinen Duft X aktiv wahrnehme und genieße, werde ich diese innere Ruhe in mir auslösen und es wird von Tag zu Tag intensiver und stärker werden. Auch in stressigen Momenten wird der Duft, sobald ich ihn rieche, innere Ruhe und Gelassenheit in mir auslösen."

Nimm dir einige Minuten Zeit, um diese Suggestionen zu dir selbst zu sprechen. Nutzen wir doch die faszinierende Eigenschaft unseres Gehirns, Emotionen sehr stark mit Düften zu verbinden, und nutzen wir dieses System für unsere noch bessere Entspannung!

GUSTATORISCHE TECHNIKEN

DER MENSCHLICHE GESCHMACKSINN

Der Geschmackssinn, auch Gustatorik oder gustatorische Wahrnehmung, ist einer der fünf wichtigsten Sinne des Menschen. Die bestimmenden Organe für den Geschmackssinn sind die Zunge und die Mundschleimhaut. Der Geschmack diente früher dazu, die aufgenommene Nahrung zu kontrollieren und war damit überlebenswichtig. Ein bitterer oder saurer Geschmack deutete auf giftige, ungenießbare Pflanzen oder verdorbene eiweißhaltige Nahrung hin.

Dagegen sind die Geschmacksqualitäten süß und salzig oft ein Hinweis auf nährstoffreiche Lebensmittel. Auch herzhafte Speisen, die ähnlich einer Fleischbrühe schmecken, verbinden die meisten von uns mit angenehmen Gefühlen. Sie verweisen auf eine eiweißreiche Kost.

Diese Geschmacksrichtung ist mittlerweile als fünfte Grundqualität neben den vier bekannten Qualitäten süß, sauer, bitter und salzig anerkannt. Dass es eigene Sinneszellen für diesen fünften Geschmackssinn gibt, wurde von einem japanischen Forscher um 1910 entdeckt. Daher auch die geläufige japanische Bezeichnung „umami" für herzhaft-würzig. Der Eindruck, den man allgemein unter „Geschmack" versteht, ist im Grunde ein Paket aus Sinneseindrücken: Nicht nur die Geschmacksqualitäten, die von der Zunge wahrgenommen werden, sondern auch der Geruch, die Beschaffenheit und die Temperatur einer Speise spielen eine Rolle.

Die „Färbung" des Geschmacks erfolgt über die Nase – erst zusammen mit dem Geruch entsteht das Aroma eines Lebensmittels. Ist der Geruchssinn gestört, etwa bei Schnupfen, ist meist auch die Geschmackswahrnehmung beeinträchtigt. Wie der Geschmack ist auch der Geruchssinn eng mit Gefühlen verbunden. Der Grund: Beide Sinne sind an das unwillkürliche Nervensystem gekoppelt. So kann ein schlechter Geschmack oder Geruch Erbrechen und Übelkeit hervorrufen.

Als appetitlich empfundene Aromen regen hingegen die Bildung von Speichel und Magensäften an. Es läuft einem sprichwörtlich das Wasser im Mund zusammen.

Professor **PSYCHO**
NEUES AUS DER FORSCHUNG

RAUCHEN SCHÄDIGT DEN GESCHMACKSSINN

Normalerweise reagiert der Geschmacksinn gegenüber bitteren Substanzen ausgesprochen sensibel und kann diese sogar in sehr geringen Konzentrationen wahrnehmen. Nicht so bei Rauchern und Ex-Rauchern, wie französische Forscher jetzt nachweisen konnten. In Experimenten mit 450 Freiwilligen hatten die Wissenschaftler untersucht, wie sich Rauchen, ehemaliges Rauchen und Nicht-Rauchen auf die Wahrnehmung der vier Hauptgeschmacksrichtungen süß, sauer, salzig und bitter auswirkt. Sie fanden heraus, dass der Raucherstatus keine Rolle für die Fähigkeit spielte, süß, sauer und salzig zu erkennen.

Allerdings verminderte Rauchen die Fähigkeit, den bitteren Geschmack von Koffein zu schmecken. Die Bitterrezeptoren der Zunge seien normalerweise dazu in der Lage, Koffein in sehr geringen Konzentrationen auszumachen. Von den Rauchern konnten jedoch fast 20 Prozent den bitteren Geschmack nicht korrekt identifizieren, bei ehemaligen Rauchern waren es sogar mehr als 25 Prozent. Dagegen fielen nur rund 13 Prozent der Nichtraucher beim Bittertest durch.

Durch das Rauchen veränderten sich Papillen auf der Zunge, in denen die Geschmacksknospen liegen. Dass nicht nur Raucher, sondern auch ehemalige Raucher bitteren Geschmack weniger gut erkennen, könnte damit zusammenhängen, dass sich Substanzen, die beim Rauchen inhaliert werden, im Körper ansammeln. Diese könnten die Regeneration von Geschmacksknospen verhindern, sodass auch der Geschmackssinn von Ex-Rauchern noch lange nach dem Rauchstopp beeinträchtigt sei, meinen die Forscher. Wie lange es braucht, bis sich der Geschmackssinn von ehemaligen Rauchern wieder normalisiert, und ob das überhaupt jemals passiert, sei bislang jedoch unklar.

BRANDING TECHNIK

GESCHMACKS-TECHNIK

PHASE 1: BRANDING- GESCHMACK DEFINIEREN

Der Auslöser bei der Geschmacks-Technik ist ein Reiz in deinem Mund. Du trainierst dich sozusagen darin, immer bei einer besonderen Geschmackswahrnehmung Entspannung zu fühlen. Hier empfehle ich dir einen Geschmack, der nicht zu deinem alltäglichen Essen passt – aber für dich eine angenehme Wirkung im Mund hat. Das kann ein spezielles Bonbon sein, eine Lebensmittelessenz oder vielleicht auch ein Kaugummi mit einer außergewöhnlichen Geschmacksrichtung. Eventuell Erdbeere, Vanille oder Zimt – ganz egal: Was für dich eine beruhigende Aussagekraft hat, ist gut. Ich nenne deine persönliche Wahl den Geschmack X.

Folgende Wirkung soll dein Geschmack X bei dir auslösen: Jedes Mal, wenn du diesen Geschmack für mindestens 30 Sekunden in deinem Mund schmeckst, wird das Entspannungsgefühl in dir entstehen, das du beim Üben deiner Entspannungstechnik bereits erlebt und antrainiert hast.

Dein Geschmack X:______________________________

PHASE 2 – VERANKERUNG

Sobald du bei deinem Entspannungstraining bemerkst, dass die innere Ruhe in deinem Körper mehr wird und sich Schritt für Schritt in dir ausbreitet, nimmst du Geschmack X in deinen Mund. Während du deine Entspannung genießt, kannst du diesen Geschmack im Mund ebenso wahrnehmen und genießen. Dies könnte zum Beispiel ein Erdbeerbonbon sein, das du während des Entspannungstrainings lutschst oder etwas vollkommen anderes.

Zu diesem Ablauf sagst du dir in deinen Gedanken immer wieder:

„Jedes Mal, wenn ich diesen Geschmack X wahrnehme, werde ich dieses Entspannungsgefühl spüren. Jedes Mal, wenn ich diesen Geschmack X in meinem Mund erkenne, werde ich diese innere Ruhe in mir auslösen und es wird von Tag zu Tag intensiver und stärker werden. Auch in stressigen Momenten wird Geschmack X, sobald ich ihn wahrnehme, innere Ruhe und Gelassenheit in mir auslösen."

Nimm dir einige Minuten Zeit, um diese Suggestionen zu dir selbst zu sprechen. Wichtig ist dabei, dass du dir einen Geschmack X aussuchst, den du nur für dein Branding verwendest und sonst nie konsumierst, damit er für dich einzigartig bleibt und nicht bereits mit etwas anderem verbunden ist.

TAKTILE TECHNIKEN

DER MENSCHLICHE TASTSINN

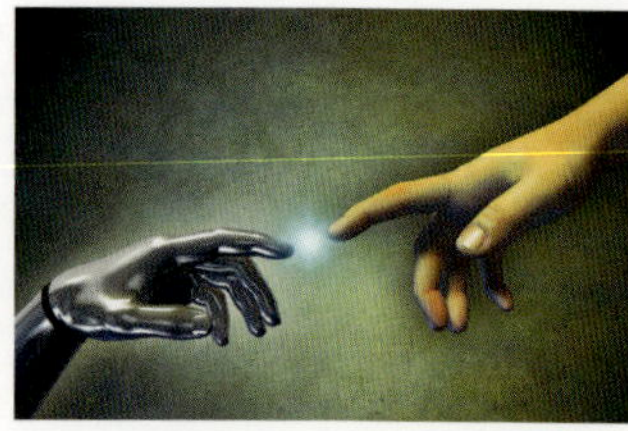

Der Tastsinn ist ein verkanntes Genie und der ursprünglichste aller Sinne. Bei der Entwicklung des Menschen wird er als erster aller Sinne ausgebildet und ist bereits in der achten Schwangerschaftswoche bei einem Fötus aktiv, der zu diesem Zeitpunkt erst 2,5 cm groß ist. Riechen, hören und schmecken kann ein Baby erst im letzten Drittel der Schwangerschaft, und der Sehsinn wird erst nach der Geburt voll ausgebildet.

Da der Tastsinn im Zusammenhang mit Berührungen steht und Erotik und Sexualität damit verbunden sind, wurde der Tastsinn lange Zeit auch als „niedriger Sinn“ bezeichnet und deshalb ignoriert. Auch heute noch hat der Tastsinn mit seinen Berührungsaspekten unterschiedliche Stellenwerte innerhalb der verschiedenen Kulturen.

In Asien wird es beispielsweise nicht gern gesehen, wenn man einander berührt. Auch Nordeuropa und Nordamerika gelten als eher berührungsarme Länder. In arabischen Ländern, Ländern des Mittelmeerraumes und in Südamerika ist ein intensiver Körperkontakt hingegen ganz normal. Allerdings ist zu beachten, dass in arabischen Ländern der Körperkontakt zwischen Mann und Frau in der Öffentlichkeit nicht gestattet ist. Die Bedeutung des Tastsinns wird somit auch durch kulturelle Hintergründe geprägt.

Als verkanntes Genie kann der Tastsinn selbstverständlich einiges mehr, als du dir vielleicht denkst.

BERÜHREN MACHT GESUND

Verliebte Menschen berühren einander ständig am Körper, ertasten sich und nehmen sich in den Arm. Der sehr positive Nebeneffekt des Berührens ist das Stimulieren des Immunsystems. Verliebte Menschen sind selten krank. Kuscheln, Schmusen und Streicheln stärken das Immunsystem, stabilisieren die Verdauung und senken den Blutdruck.

Hier erfüllt der Tastsinn eine unglaubliche Leistung: Er vermittelt Liebe und Geborgenheit – der Körper schüttet eine große Menge an Glückshormonen aus.

Untersuchungen beweisen, dass jedes Streicheln und jede Massage unseren Hormonhaushalt beeinflusst. Fast jede Berührung wirkt sich positiv auf unseren Körper aus.

Der Tastsinn befindet sich in der Haut, welche als größtes menschliches Organ bei einem erwachsenen Menschen ungefähr zwei Quadratmeter groß ist. Die wichtigsten Aufgaben des Tastsinns sind das Empfinden von Druck und Druckänderungen, das Empfinden von Kälte und Wärme und von Schmerz. Um all diese Dinge zu spüren, finden sich in der Haut verschiedene Rezeptoren, die Empfindungen an das Gehirn weiterleiten.

Der Temperatursinn hat zwei wesentliche Aufgaben: Zum einen ist er dafür zuständig, dass man die Temperatur von Gegenständen und der Umgebung erkennt, sobald eine Berührung mit der Haut entsteht. Zum anderen regelt dieser Sinn die innere Körpertemperatur in Abhängigkeit von der Außentemperatur. Die Kaltrezeptoren reagieren auf Hauttemperaturen unter 36 °C. Warmrezeptoren sprechen bei rund 35 °C Hauttemperatur an. Bei 20 °C bis 40 °C kommt es recht schnell zu einer Temperaturgewöhnung, weshalb sich beispielsweise 38 °C warmes Badewasser zuerst sehr heiß anfühlt und nach einiger Zeit als angenehm empfunden wird. Somit vermittelt der Temperatursinn hauptsächlich Temperaturänderungen.

Ob man Temperaturen als warm oder kalt empfindet, ist individuell verschieden. Bei der Temperaturempfindung spielen drei Faktoren eine wichtige Rolle:

Die Ausgangstemperatur der Haut, die Geschwindigkeit der Temperaturänderung und die Größe der Hautfläche, die betroffen ist. Denke doch einmal an einen heißen Sommertag. An so einem Tag wird eine 30 Grad heiße Dusche wohl nicht das Richtige sein, du würdest sie als viel zu warm empfinden. Im Winter hingegen, ist diese Temperatur genau richtig – von manchen wird sie vielleicht sogar als zu kühl empfunden. Die Temperaturempfindung ist somit relativ und hängt mit der Ausgangstemperatur zusammen. Temperaturunterschiede werden desto intensiver empfunden, je schneller sie sich verändern. Sitzt man beispielsweise gemütlich zusammen und die Heizung geht aus, so wird man erst später zu frieren beginnen, da sich der Körper an den Temperaturabfall langsam gewöhnt. Gehen wir jedoch aus einem beheizten Raum nach draußen, so wird uns viel schneller kalt, weil die Temperaturänderung sehr groß und kurzfristig ist. Die Temperaturempfindung hängt auch damit zusammen, wie groß die Hautfläche ist, die betroffen ist. Hält man nur einen Finger in eine Schüssel mit eiskaltem Wasser, so ist das Kälteempfinden geringer, als wenn man die ganze Hand in die Schüssel hält.

Wird die Temperatur besonders tief oder besonders hoch, schlagen die Schmerzrezeptoren Alarm, signalisieren dem Gehirn Schmerz und warnen so vor einer möglichen Verletzung.

PHASE 1 – BRANDING PUNKT DEFINIEREN

Unser erster Schritt ist es nun, deinen Anker auszuwählen. Er muss aus einem klar bestimmten Reiz bestehen. Ich würde dir empfehlen, die Körperstelle beziehungsweise Hautfalte zwischen Daumen und Zeigefinger zu deiner Branding-Stelle werden zu lassen. Ich habe mit dieser Stelle bisher immer sehr gute Erfahrungen gemacht und werde sie im Folgenden als Punkt X bezeichnen. Falls der Punkt X zwischen deinem Daumen und Zeigefinger ein Punkt ist, den du aus welchen Gründen auch immer nicht verwenden willst oder kannst, dann finde an deinem Arm oder auf deiner Hand eine andere Stelle, die du normalerweise nicht berührst oder kneifst.

Folgende Wirkung soll dein Punkt X in Zukunft bei dir hervorrufen: jedes Mal, wenn du diese Stelle berührst und dich dort fest kneifst, wird das Entspannungsgefühl in dir hochkommen, das du beim Üben deiner Entspannungstechnik erlebt hast.

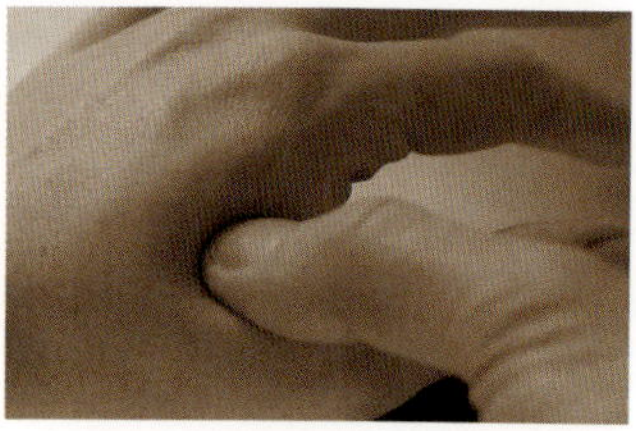

Punkt X beim Branding

Dein Punkt X:____

PHASE 2 – VERANKERUNG

Wenn du nun deine persönliche Entspannungstechnik trainierst oder aufgrund eines Stressmomentes anwendest und die Entspannung in dir kommen spürst und einige Minuten erlebt hast – genau dann beginnst du mit der Verankerung des Punkt X. Berühre und kneife dich im Bereich zwischen Daumen und Zeigefinger und vollziehe diese Bewegung einige Male.

Diese Verankerung sollte einige Minuten dauern. Du berührst währenddessen immerzu den Punkt X. Du kneifst dich an dieser Stelle immer und immer wieder. Zusätzlich sagst du in deinen Gedanken durchgehend zu dir selbst:

„Jedes Mal, wenn ich mich an meinem Punkt X fest kneife, werde ich dieses Entspannungsgefühl spüren. Jedes Mal, wenn ich meinen Punkt X berühre, werde ich diese innere Ruhe in mir auslösen und es wird von Tag zu Tag intensiver und stärker werden. Auch in stressigen Momenten wird die Berührung, sobald ich sie spüre, innere Ruhe und Gelassenheit in mir auslösen."

Nimm dir einige Minuten Zeit, um diese Suggestionen zu dir selbst zu sprechen.

Branding ist also, wie du siehst, ein aktiver Prozess, denn du hast die Steuerung deines Ankers in der Hand. Nur du selbst entscheidest, was dir wann helfen soll und darf!

REGELN, VERSTÄRKER UND PUSHER

Es gibt ein paar wichtige Regeln und Tipps, um dein gespeichertes Gefühl auch gut einzutrainieren und zu verstärken. Geh am besten alle der 10 folgenden Punkte durch und versuche sie in dein Branding einzubauen.

die besten 10
Tipps & Tricks zum Ausprobieren

REGELN FÜR DEIN PERFEKTES BRANDING

1. Wiederholung: Je öfter du in der Anfangszeit Branding trainierst und deinen Anker einsetzt, desto intensiver kann sich dein Entspannungsgefühl entwickeln.

2. Gleichheit: Um deine Entspannung auch auf Knopfdruck auslösen zu können, musst du dein Branding immer auf dieselbe Art und Weise trainieren, da es sonst nicht funktioniert!

3. Spaß: Du musst Spaß am Branding entwickeln, da es mit Freude und Leichtigkeit viel schneller und besser funktioniert.

4. Kreativität: Sei kreativ zu Beginn deines Trainings, um den für dich wirklich sinnvollsten Anker zu finden. Beobachte dich, analysiere dich und erforsche deine Eigenheiten. Wenn du diese für dich ausnützen kannst, indem du deine empfindlichsten Sinneskanäle als Anker nimmst, wird dein Branding noch effektiver.

5. Mischung: Beharre nicht unbedingt nur auf einen einzelnen Anker. Branding bedeutet auch, dein Entspannungsgefühl mit mehreren Ankern zu verbinden. Mit einem Bild, einer Musik, einer Berührung und einem Duft, die alle auf eine Emotion gerichtet sind, kannst du dich noch mehr pushen.

6. Durchhaltevermögen: Stellt sich dein gewünschtes Gefühl nicht gleich zu Beginn deines Trainings ein, halte durch und gib nicht auf. Gut Ding braucht Weile und dieses Ding ist besser als gut!

7. Diskretion: Behalte deine Anker und dein Brandingsystem für dich. Nur so weiß niemand, wann du es wie einsetzt.

8. Sammeln: Nütze jeden Moment, den du entspannend findest, um genau in diesen Situationen zusätzlich auch dein Branding durchzuführen. Genießt du die Umgebung, nütze sie für dein Branding und speichere das Gefühl ab.

9. Auffrischer: Beherrschst und benützt du ein Brandingsystem, dann frische es immer wieder auf, nimm neue Elemente dazu, erweitere es und wiederhole es immer wieder, damit es aktiv bleibt.

10. Trainiere das Auslösen deines Brandings auch mental. Wie das genau funktioniert, zeige ich dir im nächsten Kapitel.

8. MODUL M
MENTALES ABLAUFTRAINING

MENTALES ABLAUFTRAINING KANN UNMÖGLICHES MÖGLICH MACHEN

In der Relaxformel E=T+B+M steht das M für Mentales Ablauftraining. Kannst du bereits die Entspannungstechniken umsetzen und hast du ein Branding System für dich gefunden, dann fehlt nur noch das Mentale Ablauftraining, um deinen langfristigen perfekten Relaxzustand zu erreichen. Beim M für Mentales Ablauftraining geht es jetzt darum, wie man sich auf Stressmomente besser mental vorbereiten kann. So wie ein Golfer im Mentalen Ablauftraining alle Details seines perfekten Abschlages schon im Kopf durchspielen kann, kannst auch du dein Handeln im Stressmoment vorab trainieren und vorerleben.

Schauen wir uns aber zuerst ein paar wesentliche Fakten des Mentalen Ablauftrainings an.

Das Mentale Ablauftraining, kurz MAT, umfasst bestimmte Strategien und Vorstellungen von sich selbst und seiner Umwelt zur Optimierung von Abläufen. So werden im MAT regelmäßige, gezielte und kontrollierte Vorstellungen eingesetzt, um Abläufe zu erlernen, aufrecht zu erhalten und zu stabilisieren.

Mentales Ablauftraining ist das mentale Visualisieren bestimmter Ereignisse im Kopf. Der Übergang von der reinen Visualisierung zum Mentalen Ablauftraining zeigt sich in der Beteiligung aller Sinne bei der Vorstellungsarbeit.

Das ist etwa so, als ob man einen persönlichen Film abspielt, um sich eine Situation genau vorzustellen. Anders gesagt ist mentales Ablauftraining nichts anderes als eine Form der Simulation. Mithilfe eines mentalen Ablauftrainings können positive Erlebnisse im Kopf nachgestellt werden und dazu beitragen, sich auf Probleme oder schwierige Situationen besser vorzubereiten. Das mentale Ablauftraining sollte so viele Sinne wie möglich involvieren, um die mentale Situation so real wie möglich darzustellen.

Um die Wirksamkeit von mentalem Ablauftraining zu untersuchen, haben Psychologen sich auf Meinungen, Erfahrungen, Fallberichte, Einzelfalluntersuchungen und wissenschaftliche Experimente gestützt.

Wissenschaftler nutzten zum Beispiel eine Kombination aus Entspannungstraining und mentalem Ablauftraining, um die Leistungssteigerung bei Skifahrern zu untersuchen. Skifahrer, die diese Methode verwendeten, zeigten eine gesteigerte neuromuskuläre Aktivität der fürs Skifahren beanspruchten Muskeln und erzielten dadurch bessere Ergebnisse. Dank wissenschaftlicher Studien besteht heutzutage kein Zweifel mehr an der Wirksamkeit von mentalem Ablauftraining.

MR. BRAIN
Wissenschaft für jedermann

GRUNDLAGEN DER GEISTIGEN ABLÄUFE

Ein Theoriemodell zum mentalen Ablauftraining ist das von Akhter Ahsen dargelegte „Triple code model of imagery". Es beschreibt drei wesentliche Teile des mentalen Ablauftrainings, die erklären sollen, wie Vorstellungen im Vorhinein auf spätere Leistungen wirken können.

1. Image - Vorstellung

Nach Ahsen stellt das mentale Ablauftraining ein Bild der Außenwelt mit seinen Objekten dar. Der Anwender kann mit seinem Vorstellungsbild interagieren, wie er es auch mit der realen Welt tun könnte, weil seine Vorstellung ein Spiegelbild der Wirklichkeit ist.

2. Somatic response - körperliche Reaktion

Imagination und die Vorstellungen beim mentalen Ablauftraining bewirken psychophysiologische Veränderungen im Körper. Wenn wir uns zum Beispiel eine Prüfungssituation real vorstellen, wird unser Körper darauf mit beschleunigter Atmung reagieren. Ebenso wird er auch bei positiven Gedanken und Vorstellungen reagieren.

3. Meaning - Bedeutung

Demnach hat jedes Vorstellungsbild eine für den jeweiligen Anwender individuelle Bedeutung. Jeder wird sich ein Situation etwas anders vorstellen und deshalb subjektiv nach persönlichen Hintergründen reagieren.

MENTALES ABLAUFTRAINING EINES FIRMENCHEFS

Martin K. ist Geschäftsführer eines großen internationalen Unternehmens mit Filialen auf der ganzen Welt. In seiner Vergangenheit beschäftigte sich Martin immer wieder einmal mit mentalem Training, Konzentrationstechniken und Vorstellungskraftaktivierung. Ich habe ihn dabei beobachtet und mit ihm oftmals darüber gesprochen, wie er das Mentale Ablauftraining als Vorbereitung wichtiger Aktionärsversammlungen anwendet und sich dabei perfekt auf solche Momente vorbereitet. Bevor er in solche Sitzungen geht, nimmt er sich ein paar Minuten Zeit, setzt sich an einen ungestörten Platz, schließt seine Augen und geht alle wichtigen Punkte der bevorstehenden Sitzung mental durch.

Er visualisiert seine Botschaften, die er vermitteln möchte, er stellt sich vor, wie er sich dabei fühlen wird und er sieht sich selbst dabei, wie er sicher und souverän Zahlen, Daten und Fakten präsentiert. Zudem beginnt er sich auch in seinem Mentalen Ablauftraining vorzustellen, welche Worte er benützen wird, welche Gesten und Körperhaltungen von Vorteil sind, und wie er sich auch emotional fühlen wird. Er spürt seine Gefühle, seine Selbstsicherheit, sein Vertrauen in sich und seine Firma. Er sieht sich selbst beim Sprechen aus dem Blickwinkel der Aktionäre, korrigiert Kleinigkeiten und beobachtet sich distanziert aus der Sicht der anderen. Erst wenn er für alle wichtigen Punkte ein gutes, sicheres Gefühl hat und ihm gefällt, was er sieht, öffnet er seine Augen und geht mit dieser Stimmung und Vision in die Sitzung. Das hat mir Martin K. zu seinem Mentalen Ablauftraining in der Praxis erzählt:

„Das mentale Ablauftraining hat mich in meiner beruflichen Karriere immer einen Schritt weiter gebracht. Ich war bei allen Verhandlungen und Besprechungen immer einen Schritt voraus, habe vorher schon erlebt, was alle anderen erst später sahen. So konnte ich immer nachjustieren und verbessern. Ich sehe mich als Spitzensportler in der Wirtschaft. Ich stelle mir den Weg vor, bevor ich ihn gehe. Dann fallen mir Steine und Abgründe viel schneller auf, und ich kann ausweichen. Ich kann wirklich jedem raten, sich mit dieser Thematik zu beschäftigen, denn seit ich Mentales Ablauftraining betreibe, fühle ich mich in meinem Tun noch sicherer und wohler!"

ENTSPANNUNGSMOMENT ANALYSIEREN

Damit du dich auf das Mentale Ablauftraining gut vorbereitest, darf ich dich bitten, die folgende Übung durchzuspielen. Stell dir in deinen Gedanken einen Moment vor, in dem du normalerweise stressgeladen bist und gerne deine Relaxformel anwenden möchtest. Beantworte dir dazu folgende Fragen:

HORETH
Mentalübung

Welcher Moment wird das sein?

Warum habe ich in diesem Moment normalerweise Stress oder negative Gedanken?

Wie sehen meine Elemente der Relaxformel aus, die ich dort anwenden werde?

Welche Techniken und welches Branding kann ich dort einsetzen?

Habe ich die Entspannungstechniken so trainiert, dass ich im Übungsablauf auch Entspannung erlebe?

DEIN MENTALES ABLAUFTRAINING

Wie kann nun dein Mentales Ablauftraining in der Relaxformel aussehen? Wenn du in einem Stressmoment bist kannst du deine bisher erlernten Techniken einsetzen, um deine Entspannung zu verstärken und dem Stress entgegenzuwirken. Entweder bedienst du dich einer der vielen Entspannungstechniken, die du im T der Relaxformel erlernt hast, oder du besitzt sogar schon eine trainierte Brandingtechnik, die es dir möglich macht, deine Entspannung durch einen Anker sofort auszulösen. In drei Schritten möchte ich dir jetzt dein persönliches MAT zeigen, damit du beim Einsetzen deiner erlernten Entspannungstechniken noch sicherer und geübter bist.

Schritt 1: Stressmoment visualisieren

Du schließt deine Augen, atmest tief ein und aus und stellst dir einen weißen leeren Raum vor. Alles ist weiß, der Boden, die Wände, die Decke. In diesem weißen Raum entspannst du dich vollkommen. Deine Muskeln sind ruhig und locker, dein Atem ruhig und gleichmäßig, deine Gedanken kommen und gehen, du fühlst dich wohl und angenehm entspannt.

In diesem leeren weißen Raum befindet sich eine Tür – das ist die Verbindung zu deinem Stressmoment. Öffne die Tür, gehe hindurch und stell dir vor, du begibst dich direkt in den Moment, der heute, morgen, oder in nächster Zeit ein Stressgefühl in dir auslösen könnte. Spüre, wie sich das anfühlen wird. Wen siehst du, was hörst du, welche Details nimmst du wahr und vor allem: Was ist der Stressauslöser? Wie wirkt dieser auf dich, und wo entsteht das Stressgefühl in dir? Spürst du das Gefühl in deinem Körper, erhöht sich dein Puls, beginnen deine Hände zu schwitzen und wird dein Atem schneller und flacher? Visualisiere deinen Stressmoment und spüre ihn für einen kurzen Moment.

Schritt 2: Branding auslösen

So wie du es im Kapitel B der Relaxformel gelernt hast, kannst du jetzt wie auch in Wirklichkeit mental deinen Anker auslösen. Drücke deinen Punkt X oder stelle dir dein Bild X vor, vielleicht aber kannst du auch einen Duft, den du schon bereit hältst, in deinen Händen zu riechen beginnen. Aktiviere deinen Brandingprozess und stell dir vor, wie das Stressgefühl aus deinem Körper verschwindet. Vielleicht zieht es sich zurück wie eine Welle, die wieder im Meer verschwindet, vielleicht aber steigt es auf in einem großen Ballon – vielleicht spürst oder visualisierst du es auch völlig anders.

Schritt 3: Botschaft an dich selbst

Sprich in deinen Gedanken zu dir selbst: „Jedes Mal, wenn ich mein Branding in einem Stressmoment auslöse, wird dieses negative Gefühl sofort verschwinden und ich werde entspannt. Mein Körper wird alles, was er über Entspannung gespeichert hat, abrufen und alle negativen Momente abstoßen."

T wie Techniken lernen, B wie Branding trainieren und M wie Mentales Ablauftraining visualisieren bringen dir die beste Vorbereitung auf alle Stressmomente deines Lebens. Je öfter du in der Anfangsphase das Mentale Ablauftraining durchführst, desto sicherer wirst du dann auch in der Realität agieren.

Wie ein Skifahrer, der seine Strecke geistig vorerlebt, wie ein Fußballer, der seinen Elfmeter in der Champions League immer wieder visualisiert, wie ein Golfspieler, der seinen präzisen Abschlag genauestens imaginiert, kannst auch du den Einsatz deiner Relaxformel schon vorab üben. Damit du dann nicht mehr viel überlegen musst, kannst du also vorbeugend alles, was du zur Entspannung gelernt hast, schon in deinen Gedanken erleben.

Du kannst jeden Tag andere Momente durchleben, immer neue Herausforderungen visualisieren und deine Reaktion auf negative Momente trainieren. Wenn du das Mentale Ablauftraining regelmäßig durchführst, dann profitierst du von diesen großen Vorteilen:

- mehr Sicherheit und Selbstvertrauen im Anwenden der Relaxformel
- schnellere Reaktion des Körpers, da er bereits weiß, was zu tun ist
- rascheres Aktivieren der trainierten Anker
- keine Angst mehr vor Stress, da schon eine Lösung da ist
- bereits vorbeugend ein strategisches Stressmanagement

— TOPSECRET

MENTALES ABLAUFTRAINING IM SPITZENSPORT

Sehr viele Profisportler arbeiten mit dem Visualisieren von Bewegungsabläufen. Sie festigen dadurch den Ablauf ihrer komplexen Bewegungen und nützen somit auch Regenerationsmomente, in denen ihr Körper geschont wird, für mentales Trainieren. Aus unserer Sicht ist dies sinnvoll, jedoch zeigt unsere Erfahrung, dass bei der herkömmlichen Art des Visualisierens die Emotion zu kurz kommt. Das war der Grund, warum wir uns auf emotionales Ablauftraining spezialisiert haben und hier dem Sportler die Möglichkeit geben, sich auch auf seine Gefühlszustände, Unsicherheiten, Emotionen und Reaktionen optimal vorzubereiten. Mentales Ablauftraining im Spitzensport sollte also nie nur ein strenges motorisches Durchleben sein. Es ist sehr wichtig, auch die dazu passenden Emotionen vorab zu visualisieren und zu spüren.

Wie lebendig und echt das Mentale Ablauftraining bei den Profis gestaltet wird, und welche mittlerweile sehr ausgereiften Hilfsmittel man dazu verwenden kann, um mentale Vorstellungen extrem lebendig werden zu lassen, ist das wahre Geheimnis des mentalen Trainings im Spitzensport!

Du selbst kannst dein Mentales Ablauftraining durch das Miteinbeziehen deiner Sinne sehr aktiv und lebendig gestalten. Was du in deinen Gedanken erlebst, wie du mental arbeitest, ist am Ende nur eine Frage deiner Vorstellungskraft. Durch das einzelne mentale Erleben jeder Sinneswahrnehmung in den vorgestellten Situationen - vom Hören, Sehen bis zum Riechen und Fühlen - kannst du dein Mentales Ablauftraining noch mehr pushen!

TOPSECRET

ZUM ABSCHLUSS

Liebe Leserin, lieber Leser,

es sind nun genau 7 Monate vergangen, seit ich damit angefangen habe, an diesem Buch zu arbeiten. Damals, du erinnerst dich, saß ich in Südafrika in der Nähe des Kaps der Guten Hoffnung. Ich sah eine unglaubliche Weite, eine grandiose Freiheit, den blauen Himmel, das Meer und mächtige Berge. Ich fühlte die angenehme Wärme der Sonnenstrahlen und roch die frische Meeresluft, den Duft der Unendlichkeit.

Jetzt, einige Monate später, schreibe ich diese letzten Zeilen der Relaxformel und bin am Ende deiner und meiner – unserer gemeinsamen – Entspannungsreise angekommen. Ich schreibe heute die letzten Worte mitten am Mondsee in Österreich, die Sonne scheint wie damals in Afrika, das Wasser glitzert, wie damals am Kap, und eine leichte Brise weht mir ins Gesicht. So wie ich damals begann, dieses Buch zu schreiben, werde ich heute mein Projekt beenden und fühle momentan diese innere Ruhe, Entspannung und Freiheit. Wenn du nun an dieser Stelle angekommen bist und das gesamte Buch bisher aufmerksam gelesen und die Relaxformel ausprobiert hast, dann bin ich mir sicher, dass du den ersten wichtigen Grundstein gesetzt hast, dein starkes Fundament für ein entspanntes weiteres Leben.

Falls du vieles nur durchgeblättert hast, ohne die Übungen mitzumachen, dann schlage ich vor, dir am nächsten freien Tag nochmal alles anzusehen, damit du deine persönliche Relaxformel testest und deinen Weg zur Entspannung einschlagen kannst. Vielleicht gönnst du dir einen „Schlechtwetter-Relax-Tag“, an dem du die Techniken durchübst und Erfahrungen sammelst. Nur, wenn du wirklich in der Lage bist, das Gelesene und Geübte in deinen Alltag mit einzubauen und fest in dein Leben zu integrieren, wird die Relaxformel deine Zukunft entspannen.

Falls du noch intensiver in das Thema eintauchen willst, findest du gleich im Anhang weiterführende Literatur zum Thema Entspannung. Immer wieder sehr hilfreich zur Vertiefung und Erweiterung der eigenen Fähigkeiten ist der Besuch eines Workshops oder Seminars. Wie du zum kostenlosen Relaxformel-Seminar mit mir kommst, erfährst du ganz am Ende dieses Buches. Ich würde mich sehr freuen, wenn wir uns bei dieser Gelegenheit einmal persönlich kennenlernen können. Falls du Fragen zum Buch hast oder wir uns zufällig einmal treffen, bitte zögere nicht, mir zu schreiben oder mich einfach anzusprechen, um zum Beispiel über deine persönlichen Erlebnisse mit der Relaxformel zu erzählen. Dein Interesse stärkt mich in meinem Arbeiten und hilft mir, noch besser zu verstehen, welche Erfahrungen du, liebe Leserin und lieber Leser, gesammelt hast.

Ich wiederhole nochmal meine Worte zu Beginn dieses Buches:

„Meine tiefe innere Aufforderung an dich ist heute: Genieße dein Leben, solange du kannst, und lass dich von nichts und niemanden aus deiner Mitte bringen. Liebe die Menschen, die du liebst, und liebe vor allem dich selbst. Schenke dir das, was du den Menschen gibst, die du liebst – schenke dir Lebensfreude und innere Ruhe!“

Aus welchem Grund auch immer du dieses Buch liest, studierst und durcharbeitest – ich wünsche dir nun von ganzem Herzen, dass du dein Leben, solange du es genießen kannst, auch wirklich intensiv und ausgeglichen lebst. Entspannung, innere Ruhe und Gelassenheit werden dir dabei helfen.

Und vergiss nicht: E = T + B + M

Dein Manuel Horeth

AFRIKANISCHE SPRICHWÖRTER FÜR EIN ENT-SPANNTES LEBEN

Bei meinen vielen Reisen nach Afrika habe ich dort Entspannung nicht nur als Zustand, sondern vielmehr als Lebenseinstellung kennengelernt. Die gelassenen Menschen in Afrika lieben es zu leben und verfügen in ihren Kulturen über jede Menge Sprichwörter und Lebensweisheiten. Schon in jungen Jahren werden sie den Kindern weitergegeben, die dann oft ihre Entscheidungen und persönliche Wege danach ausrichten. Eine kleine Auswahl dieser weisen Aussagen darf ich dir hier vorstellen:

„Das Gras wächst nicht schneller, wenn man daran zieht.“ - *Aus Sambia*

„Die beste Zeit, einen Baum zu pflanzen, war vor zwanzig Jahren. Die nächstbeste Zeit ist jetzt.“ - *Aus Uganda*

„Die Schildkröte sagt: Arbeit, die schon begonnen wurde, ist schon so gut wie fertig.“ - *Sprichwort der Igbo*

„Es ist besser, das zu überschlafen, was du zu tun beabsichtigst, als dich von dem wach halten zu lassen, was du getan hast.“ - *Sprichwort der Igbo*

„Glück widerfährt dir nicht - Glück findet der, der danach sucht.“ – *Aus Marokko*

„Jemandem zu helfen, bedeutet nicht, sich selbst zu vernachlässigen.“ - *Sprichwort der Mamprussi*

„Schnelles Laufen ist keine Garantie, das Ziel zu erreichen.“ - *Sprichwort der Shona*

„Um sein Leben zu ändern, ist es nie zu spät.“ - *Sprichwort auf Swahili*

„Wenn man den Weg verliert, lernt man ihn kennen.“ - *Sprichwort der Tuareg*

„Wer auf einen Baum klettern will, fängt unten an, nicht oben.“ - *Sprichwort der Tshi*

„Wer immer in den Himmel schaut, wird nie etwas auf der Erde entdecken.“ - *Sprichwort der Ewe*

„Wichtig ist nicht, wo du bist, sondern, was du tust, wo du bist.“ - *Sprichwort der Swahili*

ANHANG

LITERATURVERZEICHNIS & WEITERFÜHRENDE LITERATUR

Aronson, Elliot / Wilson, Timothy D. / Akert, Robin M.: Sozialpsychologie, Pearson, München 2008

Bensberg, Gabriele / Messner, Jürgen: Survivalguide Bachelor, Springer-Verlag, Heidelberg 2014

Blake, Tobin: Meditation, Lotos Verlag, München 2004

Boersch, Cornelius / Holubarsch, Christian / Spikker, Helmut / Zerkowski, Hans-Reinhard: Das Summa Summarum der Gesundheit, Gabler-Verlag, Wiesbaden 2008

Bruckmann, Bernd: Die Wahrheit über Burnout? Zahlen, Daten, Fakten aus validen und reliablenQuellen in Österreich, Masterarbeit Body & Health Academy GmbH, Wien 2012.

Bundesministerium für Wirtschaft, Familie und Jugend: Burn on statt Burn out, Schriftenreihe des Wirtschaftsförderungsinstituts Nr. 347, Wien 2009/2010

Falk, Holger: Entspannung als Element der Gesundheitsförderung im Schulsport. Ein Vergleich westlicher und fernöstlicher Entspannungsverfahren, Dissertation Universität Regensburg, Regensburg 2002

Gais, Steffen: Schlafabhängige Konsolidierungsprozesse im deklarativen und nondeklarativen Gedächtnis, Dissertation Universität Lübeck, Lübeck 2003

Gerrig, Richard J. / Zimbardo, Philip G.: Psychologie, Pearson, München 2008

Harp, David / Feldman, Nina: Meditieren in drei Minuten, Rowohlt Taschenbuch Verlag, November 1993

Horeth, Manuel: Das Horeth Prinzip. Mein Geheimnis für Ihren persönlichen Lebenserfolg. Verlag Carl Ueberreuter, Wien 2012

Horeth, Manuel / Eder, Magdalena: Wir sind alle Mentalisten. Das Geheimnis der 5 Sinne. Verlag Carl Ueberreuter, Wien 2010

Carlson, Neil R.: Physiologische Psychologie, Pearson, München 2004

Höfler, Heike: Stressfrei in 10 Minuten. Ruhepausen und Energie-Kicks. Schlütersche Verlagsgesellschaft, Hannover 2010

Höller, Jürgen: Sag ja zum Erfolg. Der Weg zu Reichtum und persönlicher Freiheit. Econ Ullstein List Verlag, München 2000

Hüther, Gerald: Die Macht der inneren Bilder. Wie Visionen das Gehirn, den Menschen und die Welt verändern, Verlag Vandenhoeck & Ruprecht, 2011

Hill, Napoleon: Wunder die Sie selbst vollbringen, Ariston Verlag, Genf 1987

Kast, Verena: Imagination als Raum der Freiheit, Verlag Walter, Olten 1988

Klaue, Thomas: Stressbewältigung, Psychotherapeut 3, 2012

Mainka-Riedel, Maritta: Stressmanagement – Stabil trotz Gegenwind. Wie Sie Ihren eigenen Weg zu gesunder Leistungsfähigkeit finden, Springer, Wiesbaden 2013

Mohl, Alexa: Der Zauberlehrling/Das NLP Lern- und Übungsbuch, Junfermannsche Verlagsbuchhandlung, 2010

Müller, Florian: Burnout bei Turnusärztinnen und Turnusärzten, Diplomarbeit Universität Graz, Graz 2011

Murphy, Josef Dr.: Die Macht des Unterbewusstseins, Ariston Verlag, Genf 1967

Seidel, Wolfgang: Emotionale Kompetenz, Gehirnforschung und Lebenskunst, Spektrum Akademischer Verlag, 2008

Schloffer, Helga / Prang, Ellen / Frick-Salzmann, Annemarie: Gedächtnistraining, Springer, Heidelberg 2010

Schmid, Norman: Mein Weg in die Entspannung, Maudrich, 2013

Schneider, Friedrich / Dreer, Elisabeth: Volkswirtschaftliche Analyse eines rechtzeitigen Erkennens von Burnout, Information Johannes Kepler Universität Linz, Linz 2013

Siegrist, Ulrich: Der Resilienzprozess. Ein Model zur Bewältigung von Krankheitsfolgen im Arbeitsleben, VS Verlag, Wiesbaden 2010

Sonntag, Robert: Blitzschnell entspannt. 100 verblüffende Wege, stressige Alltagssituationen zu bewältigen, Trias Verlag in MVS Medizinverlage, Stuttgart 2009

Weinberg, Robert S. / Gould, Daniel: Foundations of Sport and Exercise Psychology, Human Kinetics, 2010

Wendlandt, Wolfgang: Entspannung im Alltag. Beltz Verlag, Weinheim und Basel 2002

Wittchen, Hans-Ulrich / Hoyer, Jürgen: Klinische Psychologie & Psychotherapie, Springer, Heidelberg 2011

Wunsch, Albert: Mit mehr Selbst zum stabilen Ich. Resilienz als Basis der Persönlichkeitsbildung, Springer, Heidelberg 2013

Zander, Margherita: Handbuch Resilienz Förderung, VS Verlag, Wiesbaden 2011

DER AUTOR

Manuel Horeth,

geboren 1978 in Salzburg/Saalfelden ist der lebende Beweis dafür, dass Mentaltraining nicht nur konzentrierte Arbeit ist, sondern auch ein Riesenspaß sein kann. Millionen Menschen haben ihn und sein Können in seinen eigenen TV Shows auf RTL, ORF und ProSieben gesehen. Auf Puls 4 fasziniert und motiviert er derzeit regelmäßig als Mentalexperte im Frühstücksfernsehen die österreichischen Zuschauer.

Der auch durch seine spannenden Bühnenshows bekannt gewordene Bestsellerautor ist Gründer des Horeth-Instituts, der Gesellschaft zur Optimierung mentaler Prozesse für Spitzensport und Business.

Neben seinen regelmäßigen Fernsehauftritten sowie Fachvorträgen und Beratungsaufträgen für nationale und internationale Unternehmen leitet er als Mental Creative Director mit seinem Expertenteam das österreichische mentale Trainingszentrum für Sportstars, Spitzensportler & Manager.

So kommst du kostenlos ins RELAXFORMEL-SEMINAR!

Mein persönliches Ziel, für das mich viele verrückt halten, ist es, dass in Österreich und Deutschland 100000 Menschen dieses Buch lesen werden und die Relaxformel anwenden können. Wie im Buch schon beschrieben, hat mich ein gewisser Herr Superwichtig dazu animiert, ihm zu beweisen, dass das Unmögliche möglich ist!

Das klingt aus jetziger Sicht wirklich nicht leicht, aber wenn man bedenkt, dass es in Österreich und Deutschland gemeinsam etwa 55 Millionen Menschen im Alter von 18 bis 65 Jahren gibt, dann müsste nur jeder 550. Berufstätige das Buch lesen, oder beispielsweise pro Ort mit 1100 Einwohnern nur 2 Personen. So gesehen könnte mein Ziel auch Wirklichkeit werden. Aber nur mit deiner Hilfe!

Falls dir meine Relaxformel gefallen hat und du das ehrliche Gefühl hast, dass sie auch deinen Verwandten, Freunden, Bekannten, Kollegen oder Geschäftspartnern gut tun könnte, dann bitte hilf mir, mein Ziel zu erreichen und empfiehl dieses Buch weiter. Weil du mir damit wirklich sehr helfen kannst, möchte ich dich für deine Empfehlung sehr gerne zu meinem großen Dankeschön-Seminar kostenlos einladen. Es entstehen dir an diesem Tag ausschließlich Kosten für die Verpflegung vor Ort.

Zusätzlich spende ich, wenn du mitgeholfen hast, das Ziel zu erreichen, 1 Euro pro Buch an eine wohltätige Organisation.

Es gibt also zwei wirklich gute Gründe dafür, mitzumachen!

Schreib bitte, wenn du eine Empfehlung abgegeben hast, einfach ein E-Mail an office@horeth-institut.at. Du wirst über alle weiteren Details informiert und sehr gerne zum Seminar und einem spannenden Tag eingeladen.